Der Himmlische Vater spricht

Botschaften an Anne

2015 | 2

Impressum
Verlag: edition hathor
Auslieferung über Verlagsgruppe Mainz

ISBN 3-8107-0249-8
Druck: Druckerei Mainz, Aachen

Aktuelle Anne-Botschaften:
www.anne-botschaften.de
www.kommherrjesus.de

Inhalt

DER HIMMLISCHE VATER SPRICHT

8. August 2015 – Die Gottesmutter spricht nach dem Zönakel und der Heiligen Tridentinischen Opfermesse nach Pius V. in der Hauskapelle im Haus der Gloria durch Ihr Werkzeug und Tochter Anne.

Anne: Im Namen des Vaters und des Sohnes und des Heiligen Geistes. Amen. Heute war auch wieder der Opferaltar und vor allen Dingen der Marienaltar in gleißendes, goldenes und silbernes Licht getaucht sowie auch das Jesuskind. Die Engel zogen ein und aus. Sie scharten sich während der Heiligen Opfermesse um die Gottesmutter und beteten kniend das Allerheiligste an.

Die liebe Gottesmutter, die Mutter und Königin vom Sieg, wird heute sprechen: Ich, eure liebste Mutter, die Unbefleckt Empfangene Mutter und Königin vom Sieg, möchte euch heute einige Weisungen und viel Kraft in der Gnade Gottes vermitteln. Ihr habt heute das Heilige Messopfer in würdiger Weise feiern dürfen. Du, Meine Kleine, warst dabei anwesend. Das war für dich ein großes Geschenk vom Heiligen Geist. Ich bin die Braut des Heiligen Geistes. Ich bin nicht nur die Mutter Meines Sohnes Jesus Christus, sondern auch gleichzeitig die Mutter des Himmlischen Vaters und die Braut des Heiligen Geistes. Das könnt ihr nicht verstehen. Die Liebe zwischen Vater und Sohn ist so grenzenlos, dass sie im Heiligen Geist wirksam wird.

Das Licht des Heiligen Geistes möchte Ich euch, Meine geliebten Priestersöhne, in eure Priesterherzen hineinströmen. Warum, Meine geliebten Priestersöhne? Warum warte Ich auf eure Weihe an Mein Unbeflecktes Herz? Ihr könnt dadurch eine unwahrscheinliche Kraft bekommen, weil Ich auch die Unbefleckt Empfangene Mutter und Königin vom Sieg hier in Wigratzbad sein werde. Es wird noch einige Zeit dauern, bis dieser Sieg stattgefunden hat, Meine geliebte kleine Schar, die ihr diesen schwersten Weg geht, diesen Weg nach Wigratzbad, diesen Sühnegang. Ihr seid die Verfolgten. Warum, Meine geliebten Marienkinder? Weil man die Wahrheit nicht anerkennen will, den wahren Heiligen, Katholischen und Apostolischen Glauben. Er beinhaltet die volle Wahrheit. Aus der Heiligen Opfermesse Meines Sohnes Jesus Christus, könnt ihr jeden Tag die Kraft schöpfen, Meine geliebten Marienkinder. Sie ist eure wahre Kraftquelle. Schöpft täglich. Das Licht des Heiligen Geistes wird in euren Herzen leuchten. Es wird heller und heller werden.

Meine geliebten Priestersöhne, immer warte Ich noch auf eure Zusage, dass ihr glaubt, dass Ich, als Braut des Heiligen Geistes, euch diesen Geist Gottes übermitteln darf. Ihr seid Meine geliebten Priestersöhne und ihr bleibt es auch. Ich bin eure Mutter. Immer wieder betone Ich, dass Ich die Unbefleckt Empfangene Mutter und Königin vom Sieg bin. Und dieser Sieg soll sich in Wigratzbad ereignen. Ich, als Mutter und Königin, warte darauf, doch ihr kämpft bisher noch mit dem Bösen. Der Böse möchte natürlich alles abhalten, weil er die Wahrheit nicht als Wahrheit anerkennt, im Gegenteil, das Böse soll den Vorrang haben. Der Böse möchte euch durch die Verfolgung vom wahren einzigen Glauben abbringen. Er möchte nicht anerkennen, dass Ich die Mutter vom Sieg bin. Im Gegenteil. Satan verfolgt Mich wie auch Meine geliebten Marienkinder. Ihr seid doch Meine ganze Liebe. Warum? Weil ihr den Kampf mit dem Bösen aufgenommen habt. Der Böse möchte euch von diesem Sühnegang abbringen. Eure liebste Mutter weiß, wie beschwerlich es ist, jeden Tag diese Verfolgung erleiden zu müssen. Jeden Tag geht ihr, obwohl ihr wisst: Das ist nicht nur ein Sühnegang, sondern ein Verfolgungsgang. Ihr könnt es nicht verstehen und nicht begreifen und auch nicht erfassen, warum eure liebste Mutter nicht eingreift. Aber im Willen eures Himmlischen Vaters ist es anders vorgesehen. Der Himmlische Vater weiß, wann Sein Zeitpunkt gekommen ist. Darauf wartet, Meine geliebten Kinder und Marienkinder! Er weiß wie eure Seele leidet. Er weiß auch, dass in die Katholische Kirche durch den Modernismus das Böse eingebrochen ist.

Die Katholische Kirche wird immer mehr zerstört, und die Unreinheit dringt weiterhin in die Kirche ein. Ich bin die Unbefleckt Empfangene, die Reinste. Und da möchte der Böse natürlich dieses Reine und Heilige auch von euch abhalten. Das ist nicht möglich, Meine Geliebten. Nur der Böse liebt die Unreinheit, nur der Böse liebt die Sünde und ihr, Meine geliebten Kinder, möchtet in der Wahrheit alles weitergeben. Leider ist euch die Möglichkeit nicht gegeben. Warum? Weil man die Wahrheit nicht wissen will, weil man die Wahrheit ablehnt, weil man sich ändern muss, besonders Meine geliebten Priestersöhne, auf die Ich warte als Himmlische Mutter, die Ich in Meine Arme schließen und zu Meinem geliebten Sohn Jesus Christus letztendlich zum Himmlischen Vater vor Seinen Thron bringen möchte. Er wartet auf jeden einzelnen Priester, den Er in der Heiligkeit berufen hat. Berufung bedeutet auch, den Heiligkeitsweg beschreiten. Was bedeutet das – Heiligkeitsweg? Ein Weg, der beschwerlich durch alle Klippen hindurch gegangen werden muss. Diese Klippen sind zwar zu erklimmen und doch sind sie sehr beschwerlich, fast unerreichbar für sie. Doch mit der Kraft des Heiligen Geistes werdet auch ihr sie erklimmen.

Ihr seid heute mit Mir in dieses Zönakel, in diesen Pfingstsaal, eingetreten. In diesem Pfingstsaal ist der Heilige Geist anwesend, denn Ich, die Braut des Heiligen Geistes, möchte euch überströmen mit der Göttlichen Kraft, mit den Gnadengeschenken, die euch heute zuteil werden. Ihr habt ausgeharrt. Vieles ist auf dich, Meine Kleine, zugekommen. Fast bist du der Ohnmacht nahe und doch sagst du: „Ich glaube. Ich glaube an die Wahrheit in der Dreieinigkeit: des Vaters, des Sohnes und des Heiligen Geistes. Alles, was im Glauben verankert ist, ist für mich die Wahrheit, und diese Wahrheit werde ich und die kleine Schar und Gefolgschaft bis zum Ende durchtragen. Wahrheit bedeutet, die Lüge ablehnen. Alles das, was uns der Böse vorgaukelt – die Unreinheit, den Modernismus – lehnen wir ab. Wir wissen, dass der Böse jetzt durch Dich, geliebte Himmlische Mutter, seine Kraft immer mehr verlieren wird.“ – Ja, Meine Kinder, Meine geliebten Marienkinder, Ich schare euch um Mich. Unter Meinem weiten Mantel habt ihr den Schutz. Mein Schutz ist euch gewiss. Oft spürt ihr die Gnadengeschenke des Himmlischen Vaters nicht, weil das Schwere eurer Verfolgung überwiegt. Werdet ihr nicht getragen von eurer liebsten Mutter, die euer Kreuz mitträgt? Sie hebt es an, wenn es euch zu schwer wird, weil sie euch liebt und weil sie eure Beschwernisse erkennt und um diese weiß.

Alles liegt im Plan des Himmlischen Vaters, in Seinem Göttlichen Willen. Das weiß eure liebste Mutter. Sie weiß um alles, was euch Schwierigkeiten bereitet. Sie möchte euch vieles abnehmen und darf es leider nicht, weil ihr es durchtragen müsst. Ihr werdet in diesem Kampf mit dem Bösen nicht erliegen, sondern ihr sollt siegen. Der Sieg ist euch gewiss. Warum, Meine geliebten Marienkinder? Weil Ich die Mutter vom Sieg bin und Ich werde siegen. Alles sieht danach aus, als wenn dieser Sieg gar nicht stattfinden würde. Welche Zeit ist seitdem vergangen und ihr hofft weiterhin, dass es bald geschieht. Wie und was geschehen wird, müsst ihr dem Himmlischen Vater überlassen. Er hat den Plan und Er weiß genau den Zeitpunkt. Ihr könnt es nicht erkennen. Ihr könnt nicht in die Zukunft schauen. Der

Himmlische Vater weiß um alles. Er ist nicht nur der Allmächtige, sondern auch der Allwissende und der Allgewaltige.

Was bedeutet Allgewalt und Allmacht? Euer Himmlischer Vater kann in Seiner Allgewalt überall wirken auf der ganzen Welt, im ganzen Universum. Alles, was geschieht, ist in Seinem Plan vorhanden.

Viele Menschen, Gläubige und Priester wollen sich auf diese Zeit und den Plan des Himmlischen Vaters nicht einlassen. Sie müssten zugeben, dass dieser Modernismus in die Irre und in die Verwirrnis hineinführt, in die völlige Zerstörung der Wahren, Heiligen, Katholischen und Apostolischen Kirche. Man versucht nun weiterhin diese Katholische Kirche zu zerstören. Ist das möglich im Plan des Himmlischen Vaters? Nein! „Ich Bin der Weg, die Wahrheit und das Leben", sagt uns Jesus Christus. Die Kirche wird überdauern. Das heißt, die Pforten der Hölle werden sie nicht überwältigen. Alles kann man zerstören doch die Wahre Katholische Kirche bleibt bestehen. Eine glorreiche Kirche wird aus den Trümmern dieser Kirche erstehen, in einer Zeit, die der Himmlische Vater bestimmt.

Glaubt und vertraut, meine geliebten Marienkinder! Ich nehme euch als Himmlische Mutter in Meine Arme und drücke euch ganz fest an Mein Unbeflecktes Herz. Ihr sollt daraus die Kraft und Meine Liebe schöpfen, die unermesslich groß ist für Meine Marienkinder, die für Mich, die Himmlische Mutter, streiten und bereit sind, alles für Mich zu tun. Sie geben nicht auf. Sie warten, bis eine Änderung vom Himmlischen Vater erzielt wird. Sie werden nicht hoffnungslos, sondern sie bleiben zuversichtlich, auch wenn alles, wie es im Augenblick aussieht, am Boden liegt und eine völlige Zerstörung, ein völliges Chaos entstanden ist. Und aus diesem Chaos wird etwas ganz Wunderbares entstehen.

Meine Marienkinder geben nicht auf. Meine kleine Schar und Meine Gefolgschaft gehört Mir. Ich leite sie, Ich forme sie und Ich liebe sie und halte sie ganz fest in der Liebe des Heiligen Geistes. Das Licht soll in ihre Herzen hineinströmen, das Licht des ‚Kleinen Paradieses', wovon ihr heute in der Fraternita gehört habt. Ja, die Fraternita ist wichtig, weil Mein Priestersohn diese Worte, die aus dem ‚Blauen Buch' stammen, vorgelesen und kommentiert hat. Diese Worte vom ‚Kleinen Paradies' gehören heute dazu. Liebe über Liebe, Treue über Treue und das Durchhaltevermögen wünsche Ich euch mit Meiner geliebten Engelschar als eure Stütze, eure geliebte Mutter, die Unbefleckt Empfangene Mutter und Königin vom Sieg.

Es segnet euch nun mit allen Engeln und Heiligen, in der Dreieinigkeit, des Vaters, des Sohnes und des Heiligen Geistes, eure liebste Mutter. Sie umarmt euch am Ende dieser Botschaft ganz inniglich und nimmt euch unter Ihren schützenden Mantel. Amen.

9. August 2015 – Elfter Sonntag nach Pfingsten. Der Himmlische Vater spricht nach der Heiligen Tridentinischen Opfermesse nach Pius V. in der Hauskapelle im Haus der Glorie in Mellatz durch Sein Werkzeug und Tochter Anne.

Anne: Im Namen des Vaters und des Sohnes und des Heiligen Geistes. Amen. Ich durfte heute die Heilige Opfermesse mitfeiern. Der Opferaltar war mit goldenem, gleißendem Licht überflutet. Die Gnadenstrahlen gingen vom Tabernakel und auch vom Dreifaltigkeitssymbol, vom Bild der Unbefleckt Empfangenen Mutter und Königin vom Sieg und auch von der Rosenkönigin von Heroldsbach aus. Der Marienaltar mit der Gottesmutter war ebenfalls in goldenes und silbernes, gleißendes Licht getaucht.

Der Himmlische Vater wird heute sprechen: Ich, der Himmlische Vater, spreche jetzt und in diesem Augenblick durch Mein williges, gehorsames und demütiges Werkzeug und Tochter Anne, die ganz in Meinem Willen liegt und nur Worte wiederholt, die aus Mir kommen.

Meine geliebte kleine Schar, Meine geliebte Gefolgschaft, Meine geliebten Pilger von Heroldsbach, von Wigratzbad und von anderen Wallfahrtsorten seid alle gegrüßt.

Ich, der Himmlische Vater, möchte euch heute danken, dass ihr die Wallfahrtsorte Meiner Himmlischen Mutter so verehrt und sie besucht und alle Verfolgung auf euch nehmt. Ich, der Himmlische Vater, stütze euch natürlich mit Meiner Himmlischen Mutter, mit Ihren Billionen von Engeln, die Sie immer wieder auf euch herabsendet. Sie fleht Mich, den Himmlischen Vater, an, euch doch beizustehen.

Ihr habt menschliche aber auch göttliche Kräfte. Die göttlichen Kräfte werden euch zuteil durch den Glauben, durch den Glauben an die Dreieinigkeit, Gott Vater, Gott Sohn und Gott Heiliger Geist. Vater, Sohn und Heiliger Geist sind eins – ein Gott in drei Personen. Das können natürlich die anderen Religionen und Glaubensgemeinschaften nicht verstehen. Sie behaupten, es gibt nur einen Gott, und diesen Gott verehren wir alle. Nein, Meine geliebten Vaterkinder und Marienkinder, das entspricht nicht der

Wahrheit. Im wahren Heiligen, Katholischen und Apostolischen Glauben gibt es die Dreieinigkeit. Und das ist ein gewaltiger Unterschied. Es gibt nur einen einzigen Glauben und der entspricht der Wahrheit, nämlich der Katholische. Man möchte ihn zerstören, weil alle meinen, sie könnten im Globalismus und in der Gleichmacherei alle den einen Gott verehren und anbeten. Das ist nicht möglich, Meine geliebten Vaterkinder. Ihr wisst es.

Meine geliebten Priestersöhne, ihr sagt immer: „Wir haben doch die Bibel, wir haben die Heilige Schrift.“ Wenn ihr die Heilige Schrift lesen und befolgen würdet, so würdet ihr recht bald erkennen, dass diese Wahrheiten in der Heiligen Schrift stehen, so wie Ich Meine Weisungen euch immer wieder aufs Neue mitteile. Die Weisungen bedeuten Meine Wahrheit in der Dreieinigkeit. Die Liebe zum Dreieinigen Gott ist natürlich vorrangig.

Das Heilige Messopfer, das ihr heute im Tridentinischen Ritus nach Pius V. in der Hauskapelle in Mellatz ehrfürchtig gefeiert habt und das von ihm kanonisiert wurde, darf nicht verändert werden. Mein Priestersohn gibt sich während der Wandlung in Meine Hände, das heißt, die Hostie und auch der Wein werden zu Fleisch und Blut Meines Sohnes Jesus Christus. Es ist nicht mehr Brot und es ist nicht mehr Wein, sondern es ist wirklich Fleisch und Blut Meines Sohnes Jesus Christus. Ich möchte dies wiederholen, weil es das Wichtigste der Heiligen Opfermesse ist. Er, Mein Sohn Jesus Christus, gibt sich hin und ihr, Meine Geliebten, gebt euch mit dem Priestersohn in die Opferschale, in den Opferkelch mit hinein. Das ist etwas Großes. Ihr, in eurer menschlichen Unwürdigkeit, werdet durch die Göttlichkeit emporgehoben. Ihr werdet vergöttlicht, weil der Sohn Gottes sich euer erbarmt. Er kennt eure Sorgen und eure Nöte, und Er weiß auch um eure Verfolgungen.

Ich weiß, Meine geliebten Vaterkinder, dass ihr oft am Ende seid, dass ihr nicht wisst, wie es weitergehen soll und dass ihr wünscht, dass Ich eingreifen müsste, eingreifen in diese Glaubenslosigkeit der Apostasie in der heutigen Zeit. Doch Meine Zeit ist noch nicht gekommen.

Die Priestersöhne meinen heute, die Wissenschaft im Glauben ist wichtig. Sie müssen die Wissenschaft studieren und weitergeben. Ist das Glaube, Meine Geliebten? Ist das die Weisheit? Wissenschaft und Weisheit sind nicht eins. Wenn ihr nur die Wissenschaft betrachtet, so geht ihr nach den Wünschen der Menschen, geliebte Priestersöhne und diese predigt ihr den Gläubigen im Modernismus.

Ihr, Meine geliebten Priestersöhne, die ihr das Opfermahl im Tridentinischen Ritus nach Pius V. feiert, erkennt Jesus Christus im Heiligen Opfermahl an. Er ist das Wichtigste. Er bringt Sich auf Seinen Altären selbst zum Opfer dar durch Seine Priestersöhne, die an Ihn glauben, die Ihn lieben und Ihn an die erste Stelle setzen und die alles auf sich nehmen wollen, was für sie unbequem erscheint. Sie geben sich Ihm ganz hin und glauben nicht an den Modernismus. Der wahre Glaube ist in ihnen wirksam geworden.

Jesus Christus hat Sich für unsere Sünden am Kreuz geopfert. Er hätte nicht alle Sündenschuld auf Sich nehmen müssen. Es sind unsere Sünden und Er, Jesus Christus, Mein Sohn, der Sohn Gottes, hätte nicht diese großen Opfer auf Sich nehmen müssen, wenn Er euch nicht erlösen wollte. Sein Prinzip war von Anfang an, euch alle von der Sündenschuld zu erlösen.

Ihr, Meine geliebten Vaterkinder und Marienkinder, habt die Möglichkeit, das Heilige Bußsakrament in Anspruch zu nehmen, zu bereuen und zu bekennen, dass ihr arme unvollkommene Sünder seid. Im zweimaligen Confiteor während der Heiligen Opfermesse bekennt ihr eure Sündenschuld vor Meinem Sohn Jesus Christus. Ihr lasst euch reinigen durch jede Heilige Opfermesse. Die Opfermesse ist auch eine Schuldvergebung, eine Nachlassung der lässlichen Sünden. Jetzt könntet ihr sagen: „Dann benötigen wir doch das Bußsakrament nicht mehr." Doch, Meine Geliebten. Das Bußsakrament hat Mein Sohn Jesus Christus für euch eingesetzt, damit ihr die Möglichkeit habt, alles offen zu bekennen, damit dieser Gnadenstrom, der aus dem Heiligen Bußsakrament fließt, weitergegeben werden kann. Es ist ein Gnadengeschenk für euch.

Auch, Meine geliebten Vaterkinder, empfangt ihr Meinen Sohn Jesus Christus in der Heiligen Eucharistie, in der Heiligen Kommunion. Er selbst lässt sich herab, in euch einzugehen, um Sich mit euch zu verbinden. Er möchte eins werden mit euch, so wie mit Meinem geliebten Priestersohn, der auch heute das Heilige Opfermahl in aller Würde gefeiert und sich selbst in den Opferkelch hineingegeben hat.

Wenn Ich Mich auch des Öfteren wiederhole, Meine geliebten Vaterkinder, so möchte Ich immer wieder die Wichtigkeit herauskehren, dass ihr diese Liebe, die Mein Sohn Jesus Christus in euch hineingibt als Gnadengeschenk, annehmen und austeilen könnt. Es ist nicht möglich, euch dieses große Geheimnis zu erklären. Es bleibt ein Geheimnis zwischen euch und eurem liebsten Jesus. Er geht in euch ein. Er erbarmt sich eurer Sündenschuld. Er vergibt euch eure Sünden und wird eins mit euch in der Liebe. Mit Seiner Liebe möchte Er euch beschenken in jeder Heiligen Opfermesse. Das Kreuzesopfer wird auf allen Altären im Tridentinischen Ritus nach Pius V. erneuert. Das ist auch nicht zu erklären und auch nicht zu erfassen. Aber jedes Heilige Opfermahl ist von großer Wichtigkeit.

Alles sind Geschenke. Der Heilige Paulus sagt: „Alles, was ich bin, bin ich durch Gott." Das heißt, er fühlt sich selbst unwürdig. Aber wenn der große Gott in ihn eingeht und sich mit ihm verbindet, so ist er mit der Göttlichkeit verbunden, mit seinem liebsten Jesus in der Dreieinigkeit.

In der Heiligen Kommunion werden Vater, Sohn und Heiliger Geist eins. Auch das ist ein Geheimnis. Wir empfangen Jesus Christus aber gleichzeitig empfangen wir auch den Vatergott und den Heiligen Geist. Diese drei Personen gehören immer zusammen. Darum bleibt es ein so großes Geheimnis. Und so soll es auch sein. Man kann es nicht auseinandernehmen. Man kann es auch nicht so erklären, dass es in der Weisheit zu verstehen ist, weil es ein Geheimnis bleibt.

Geheimnis bedeutet Größe, die Größe Gottes: Die Allmacht, Allgewalt und Allwissenheit. Ihr seid kleine Menschlein, aber ihr glaubt. Ihr bezeugt euren Glauben täglich im Credo, im Glaubensbekenntnis und auch durch das Kreuzzeichen. Ihr bekreuzigt euch im Namen des Vaters und des Sohnes und des Heiligen Geistes. Was bedeutet das? Ihr glaubt an die Dreieinigkeit und ihr bezeugt sie.

Ihr möchtet alles befolgen, was euch der Himmlische Vater an Kreuzen auflädt. Doch ihr erkennt oft eure Nichtigkeit. Aber Meine Liebe umgibt euch wie ein Mantel und schenkt euch immer wieder die göttliche Kraft.

Die Gottesmutter hat Ihren Sohn Jesus Christus zuerst geliebt. Sie war die erste Glaubende. Von Ihr könnt ihr ablesen: Alles, was Sie euch lehrt, ist die volle Wahrheit. Eure liebste Mutter ist immer wieder um euch bemüht. Sie möchte euch alles lehren, das ihr weitergeben und auch bezeugen könnt.

Ihr legt Zeugnis ab, wenn ihr den Verfolgungsweg geht. Ihr liebt zudem eure Feinde. Ihr betet für sie. Ihr lasst euch nicht nur verfolgen, sondern ihr liebt eure Feinde. Das ist nicht einfach zu verstehen für die, die nicht glauben können. Doch da ihr Zeugnis ablegt, können sie an euch ablesen, was die Feindesliebe bedeutet. Ihr klagt sie nicht an, im Gegenteil, ihr verzeiht ihnen, weil Jesus Christus, Mein Sohn, euch die Feindesliebe gelehrt hat. Er hat all Seinen Feinden verziehen und ist euch vorausgegangen. Er hat Sein Bestes gegeben. Er hat Sein Leben hingegeben für Seine Feinde. Und so sollt auch ihr von Meinem Sohn Jesus Christus ablesen, was Er für euch getan hat. Er hat euch erlöst.

Die Gottesmutter stand unter dem Kreuz – die Miterlösende, die Mitleidende. Ihr Leid ist mit eurem Leid nicht zu vergleichen und doch versteht Sie euer Leid, euer Kreuz. Ihr tragt es, weil ihr Glaubende seid.

Viele Wunder der Gnaden geschehen heute. Man erkennt diese Gnadengeschenke nicht an, weil man sie nach menschlichem Ermessen erklären möchte, nach menschlichem Wissen. Das ist nicht möglich. Wunder der Gnade gibt es immer wieder. In der heutigen Zeit warten viele Menschen auf Wunder. Sie meinen: „Dann kann ich glauben, wenn ich es sehe. Wenn mir aber der Vater in der Dreieinigkeit so viel Leid zumutet, dann kann ich doch nicht glauben." So sagen sie. Doch Ich Bin auch dann unter euch, wenn Ich euch viel zumute. Die Gnade ist euch gewiss, die Gnade, durchzuhalten und weiterhin zu hoffen, zuversichtlich in die Welt hineinzublicken und den Glauben zu bezeugen in der Hoffnung, dass alles anders werden wird.

Warum ist die Glaubenslosigkeit heute so in die Katholische Kirche eingedrungen? Weil man nicht mehr glaubt und vertraut, weil man nicht mehr betet und opfert, weil Meine geliebten Priestersöhne sich nicht an den Opferaltar begeben. Diese große Gnade des Opfernden soll allen Menschen zuteil werden. Gnadengeschenke sollen in diese Katholische Kirche hinein strömen. Wenn aber Meine geliebten Priestersöhne wie bisher die Mahlgemeinschaft weiterhin im Modernismus feiern, so kann die Gnade nicht fließen.

Meine geliebten Priestersöhne, könnt ihr das nicht verstehen, dass Ich auf die Erneuerung des Kreuzesopfers Meines Sohnes am Altar warte? Jede Heilige Opfermesse ist eine Erneuerung des Kreuzesopfers Meines Sohnes. Unblutig sagt man, doch wird nicht der Wein in das Blut Meines Sohnes Jesus Christus während der Heiligen Opfermesse verwandelt? Ist es nicht nach der Wandlung das Blut Jesu Christi Meines Sohnes, das euch reinigen und stärken soll? Jedes Tröpflein Seines Blutes, das für euch vergossen wurde, ist kostbar. In der Heiligen Kommunion empfangt ihr die Hostie, das heißt, Jesus Christus Meinen Sohn mit Fleisch und Blut und ihr dankt Ihm nach der Heiligen Kommunion inniglich in eurem Herzensgebet. Ihr dankt für die Vereinigung mit Ihm, und dass ihr die ewige Seelenspeise in Empfang nehmen durftet, nämlich Jesus Christus ganz persönlich.

Alles ist Gnade, Meine Geliebten. Alles sind Gnadengeschenke, die ihr in Empfang nehmen dürft, denn diese Gnadengeschenke sind für alle da. Viele werden jedoch nicht abgeholt. Sie sind sichtbar und doch erkennt man nicht an, dass man um sie bitten muss, dass man in der Gnade Gottes sein muss, dass man nicht in der schweren Sünde verharren darf, um diese Gnaden erhalten zu können. Nach dem Heiligen Bußsakrament seid ihr reingewaschen, das heißt, ihr habt die Heiligmachende Gnade erneut empfangen und ihr werdet euch einige Vorsätze vornehmen bis zum nächsten Heiligen Bußsakrament. So wie du, Meine Kleine, an jedem Sonntag das Bußsakrament in Empfang nimmst, so wie dein Himmlischer Vater es von dir wünscht, so wirst auch du die Heiligmachende Gnade als Stärke erneut entgegennehmen dürfen, wie auch heute an diesem Sonntag.

Ihr, Meine Gefolgschaft, bezeugt im Heiligen Bußsakrament, dass ihr Sünder seid, dass ihr der Gnade Gottes im Bußsakrament bedürft.

Die Liebe ist natürlich das Größte. In der Liebe werdet ihr wachsen und reifen, und euer Vertrauen wird stärker werden. Und so danke Ich euch für all eure Liebe in der heutigen Heiligen Opfermesse und segne euch in der Dreieinigkeit mit allen Engeln und Heiligen, im Vater, im Sohn und im Heiligen Geist. Amen.

Anne: Gelobt sei Jesus, Maria und Josef in Ewigkeit. Amen. Maria mit dem Kinde lieb uns allen Deinen Segen gib. Amen.

13. August 2015 – Die Gottesmutter spricht ein paar Worte am Fatima- und Rosa-Mystika-Tag nach der Heiligen Tridentinischen Opfermesse nach Pius V. im Haus der Glorie in Mellatz durch Ihr Werkzeug und Tochter Anne.

Anne: Im Namen des Vaters und des Sohnes und des Heiligen Geistes. Amen. Der Marienaltar war heute hell erleuchtet. Er strahlte im goldenen und silbernen Glanz. Der Mantel der Gottesmutter war übersät mit Diamanten und kleinen weißen Perlen. Die Engel zogen ein und aus. Während der Heiligen Opfermesse war der Opferaltar ebenfalls in gleißendes, goldenes Licht getaucht.

Die Himmlische Mutter wird ein paar Worte sprechen: Ich, eure liebste Himmlische Mutter, eure Rosenkönigin von Heroldsbach und eure Unbefleckt Empfangene Mutter und Königin vom Sieg in Wigratzbad werde heute ein paar Worte zu eurer Information sprechen, damit ihr nicht so traurig seid.

Zunächst, Meine geliebten Kinder in Heroldsbach, möchte Ich mich bei euch bedanken für all die gute Organisation, die ihr geleistet habt. Es fand eine würdige Heilige Opfermesse in der Mulde nach der DVD statt. Die Pilger konnten reichlich Gnaden von diesem Ort Heroldsbach mitnehmen, denn sie waren unter großen Strapazen dorthin gekommen.

Meine geliebten Kinder, seid nicht traurig, dass vorläufig nur ganz wenige kurze Botschaften gegeben werden, weil Meine Kleine sehr erkrankt ist. Sie hat leider unter der Bewachung, unter der Meine kleine Schar durch diese Sühnegänge nach Wigratzbad steht, sehr gelitten. Man achtet genau auf sie. Das hat Meine Kleine körperlich und auch seelisch sehr mitgenommen.

Bitte, Meine geliebten Pilger von nah und fern, habt Verständnis dafür. Meine Kleine leidet sehr, sehr darunter. Sie bittet euch, für sie weiterhin so wie bisher, diese große Anzahl von Rosenkränzen zu beten. Für sie und für die kleine Schar ist dies dringend erforderlich, denn sie unterstützen sie liebend und stehen ihr Tag und Nacht zur Seite.

Ja, das größte Leiden hat begonnen, Meine Geliebten. Es ist fast unmenschlich für Meine Kleine und doch sagt sie dem Himmlischen Vater weiterhin ein bereites Ja.

„Ja, Vater, auch wenn es mich das Schwerste kosten sollte, so liebe ich Dich immer noch wie bisher und werde nie von Dir lassen. Liebe Gottesmutter, Du bist mein ein und mein alles. Ihr heiligen Engel steht mir zur Seite, und ich bedanke mich bei euch immer wieder für eure Begleitung und für eure Liebe und Fürsorge, die ihr mir zukommen lasst. Amen."

Ich, die liebe Gottesmutter, möchte euch nun nochmals danken für all eure Liebe, die ihr Mir entgegenbringt in der Sühnenacht von Heroldsbach. Sie wird Frucht bringen. So segne Ich euch, eure liebste Rosenkönigin von Heroldsbach und Unbefleckt Empfangene Mutter und Königin vom Sieg mit allen Engeln und Heiligen, in der Dreieinigkeit, dem Vater und dem Sohn und dem Heiligen Geist. Amen. Ihr werdet geliebt von der Dreieinigkeit und von eurer liebsten Mutter. Amen.

15. August 2015 – Hochfest Mariä Himmelfahrt. Die Gottesmutter spricht einige Worte zum Trost nach der Heiligen Tridentinischen Opfermesse nach Pius V. in der Hauskapelle im Haus der Glorie in Mellatz durch Ihr Werkzeug und Tochter Anne, die vom Krankenbett aus die Worte wiederholt.

Anne: Im Namen des Vaters und des Sohnes und des Heiligen Geistes. Amen.

Liebe Gottesmutter, Du siehst meine Traurigkeit. Auch Du bist traurig über die ganze Situation. Du hast uns versprochen, ein paar Worte des Trostes zu geben. Du hast nicht an Dich gedacht, sondern an uns kleine Schar, an die Gefolgschaft und an die Gläubigen in Heroldsbach und in Wigratzbad.

Die liebe Gottesmutter wird einige Worte zum Trost für uns sprechen: Meine geliebten Marienkinder, Ich muss sagen, dass eure liebste Mutter, eure Rosenkönigin von Heroldsbach und eure Unbefleckt Empfangene Mutter vom Sieg, euch diese tröstenden Worte übermitteln möchte.

Ihr seid Meine Marienkinder und ihr bleibt sie. Ihr steht im größten Kampf. Meine Kleine, die alles bis zum heutigen Tage durchlitten hat, hat tapfer gekämpft und wird es auch weiterhin tun, doch sie ist der Ohnmacht nahe. Das hat sie des Öfteren zu spüren bekommen. Da sie die große Sendung von Wigratzbad übernommen hat, ist es ihr in der letzten Zeit bei den Sühnegängen zu viel geworden, und sie war völlig überfordert und ist es auch jetzt noch, denn die Sendung drückt sehr auf ihren Schultern. Ja, sie kann nicht mehr. Sie hat gesagt, sie ist am Ende. Einige Medikamente werden sie noch hochhalten können, dass sie alles übersteht. Diese Medikamente soll sie auch mit Erlaubnis des Himmlischen Vaters einnehmen. Ihr, Meine geliebte Gefolgschaft und Meine geliebte kleine Schar, werdet sie weiterhin begleiten und stützen wie auch Meine Engelschar im Himmel und ihre liebste Unbefleckt Empfangene Mutter und Königin vom Sieg.

Ich sehe ihr Leid und ihre Traurigkeit und Ich sehe auch die Traurigkeit Meiner kleinen Schar. Doch seht ein, Meine geliebten Kinder, dass es im Moment nicht möglich ist, die Botschaften zu empfangen, sie aufzunehmen und weiter zu geben in diesem desolaten Zustand Meiner Kleinen.

Ich liebe euch alle, Ich segne euch und Ich bin bei euch als eure liebste Unbefleckt Empfangene Mutter und Königin vom Sieg. Ich möchte euch umfangen mit Meinem weiten Marienmantel. Ich möchte euch Stütze sein.

Du, Meine Kleine, hast dies besonders nötig. Du hast aber auch viele hinter dir, die beten, opfern und sühnen. Du sagst, du kannst nicht mehr. Ja, so ist es. Vergiss nicht, Meine Kleine, dass Ich dich sehr liebe. Habe Ich dich jemals als Himmlische Mutter nicht geliebt? Doch, Meine Kleine, das habe Ich.

Tag und Nacht wirst du gestützt von deiner kleinen Schar. Sie bleibt bei dir in diesen dunklen Tagen. In der Finsternis des Kampfes sind sie auch bei dir. Vergiss nicht, wenn du nicht mehr kannst, dass es irgendwann weitergeht.

So segne Ich euch alle, auch Meine beiden Kinder in Göttingen, eure Unbefleckt Empfangene Mutter und Königin vom Sieg und eure Rosenkönigin von Heroldsbach, in der Dreieinigkeit, des Vaters, des Sohnes und des Heiligen Geistes. Amen.

8. September 2015 – Fest der Geburt Mariens. Die Gottesmutter spricht am Abend durch Ihr Werkzeug und Tochter Anne vom Krankenbett aus tröstende Worte.

Anne: Im Namen des Vaters und des Sohnes und des Heiligen Geistes. Amen. Heute, am Fest der Geburt der Gottesmutter Maria, will Sie noch ein paar liebende wegweisende Worte zu uns sprechen, weil ich Sie gebeten habe, Sie möchte doch an Ihrem so großen Fest Ihrer Geburt dies für uns tun. Ich habe Sie gestern eine dreiviertel Stunde lang angefleht, mir doch in meiner so großen Not zu helfen.

Unsere liebe Gottesmutter wird nun sprechen: Ich, die Himmlische Mutter, spreche jetzt und in diesem Augenblick durch Mein williges, gehorsames und demütiges Werkzeug und Tochter Anne zu euch, Meine geliebten Marienkinder, Meine geliebte kleine Schar, Meine geliebte Gefolgschaft und Meine Pilger von nah und fern und zu denen, die an diese Botschaften glauben und sich leiten lassen.

Meine geliebten Kinder, Meine geliebten Marienkinder, Ich möchte Mich bei euch bedanken, dass ihr Mir zu diesem heutigen Fest Meiner Geburt gratuliert habt. Ja, es ist ein Fest für Mich heute geworden, weil ihr gesühnt habt und ihr diesen Weg weiterhin gegangen seid, den schweren Weg bis zum Berge Golgotha. Ihr habt dem Himmlischen Vater kein ‚nein Vater' gesagt, sondern habt euch Seinem Willen überlassen, besonders du, Meine geliebte kleine Anne. Wie sehr hast du Mich gestern Abend angefleht, Ich möge dir helfen, Ich möge dir dies alles von deinen Schultern nehmen, damit du dich wieder ein wenig erholen kannst von diesen fast 8 Wochen steinigem Weg, von den Angstzuständen, Panikattacken. Zudem hast du noch zweifach deinen rechten Arm gebrochen. Dadurch bist du auf fremde Hilfe angewiesen, was dir sehr schwer fällt. Sei nicht traurig darüber. Leider konnte Ich dir diese Angst- und Panikattacken nicht nehmen. Die Welt soll es aber wissen, was du erleidest. Es ist mit Meinem Leid und mit dem Leid des Heilandes verbunden.

Schau, Meine geliebte Kleine, dieser Schmutz, diese Kloake, so wie Ich sie nenne, herrscht in der ganzen Welt unter den Priestern. Diese Homosexualität ist für Mich so etwas furchtbares, dass Ich es gar nicht aussprechen kann, dass Ich sogar an Meinem heutigen Geburtstag so sehr leiden musste und der Heiland hat in dir, Meiner geliebten Kleinen, diese Angst- und Panikattacken auch erlebt, weil die Priester nicht aufhören, diese schwere Sünde weiterhin zu begehen, ja, sie soll sogar legalisiert werden. Könnt ihr es fassen, Meine geliebte kleine Schar, Meine geliebte Gefolgschaft? Ihr unterstützt Meine Kleine weiterhin in dieser schwersten Zeit, die sie kaum bewältigen kann. Dafür danke Ich euch. Sie leidet unsagbar schwer.

Ja, sie hat fast jeden Tag zusätzlich eine ganz schwere Migräne durch diese Angst- und Panikattacken. Blutungen sind entstanden und sie musste zusätzlich in die Notaufnahme eingewiesen werden. Herzattacken, eine nach der anderen, ergreifen sie. Dieses viele Leid ist für sie kaum fassbar und menschlich zu ertragen. Und doch sagt Meine Kleine an jedem Morgen, wenn dieses Leid immer noch nicht gewichen ist: „Ja Vater, so wie du es willst, so ertrage ich es auch heute, auch wenn es mir zu schwer erscheint und ich weinen muss Trotz allem ertrage ich es."

Und nun, Meine geliebte kleine Schar, Meine geliebte Gefolgschaft seid ihr aufgeklärt durch diese Weisungen, die Ich euch über Meine Kleine und ihren zukünftigen Botschaften gegeben habe. Sie weint darum, dass diese Botschaften nicht weiterhin in die Welt hinausgehen können, weil sie so schwer erkrankt ist. Aber heute hat sie die Kraft bekommen, diese Meine Botschaft zu empfangen und weiterzugeben.

Viele Weisungen werde Ich euch heute nicht geben können, Meine geliebte Gefolgschaft. Ich will Meine Kleine weiterhin schonen, denn gestern Abend hat sie sich völlig überfordert. Eine Dreiviertelstunde hat sie in der Hauskapelle gefleht und dem Heiland und dem Himmlischen Vater ihr ganzes Leid laut geklagt, und Er hat sie erhört, weil Er sie erwählt hat als Mitleidende. An Seinem großen Leid hat sie Anteil bekommen, großen Anteil.

Und du, Meine Kleine, brauchst dich ganz sicher dieser Panik- und Angstattacken nicht zu schämen. Es ist ganz natürlich, wenn du den Heiland und Mein Leid unter dem Kreuz betrachtest. Hast du nicht gestern zu Mir gesagt: „Mutter, ich nehme Dich unter dem Kreuz an die Hand und halte Deine Hand fest, dann stehe ich mit Dir unter dem Kreuz, dann darf ich mit Dir leiden, denn Dein Leid ist das Größte, das weiß ich." Und dadurch, Meine Kleine, habe Ich Mich heute erweichen lassen, an diesem Meinem Geburtstag, doch noch ein paar klärende Worte zu sagen, obwohl du bisher nicht wusstest, woher du die Kraft nehmen sollst, und ob es richtig ist, dieses Leid, was für dich unerklärlich ist, zu analysieren. „Was ist es wirklich?", hast du überlegt. „Ich muss mich dieser Krankheit schämen." Meine geliebte Kleine, dankbar darfst du sein, dankbar und nochmals dankbar. Du hast dem Heiland heute sehr viel Leid abgenommen und vor allen Dingen auch Mir.

Alle in der Welt sollen es erfahren, was du für Leid für die Priester erträgst, damit sie nicht in die ewigen Abgründe hinabsinken müssen, sondern noch im letzten Augenblick einen Geistesblitz erhalten.

Liebste Gefolgschaft, danke für eure Sühne, danke für eure Aufopferung, danke für all euer Leiden, für all eure Stütze, die ihr Meiner kleinen Schar gebt. Auch für die vielen Rosenkränze, die vielen Rosenkranzgemeinschaften, die ihr gebildet habt, möchte Ich euch danken. Sie sind ein Beweis, dass der Himmel euch erhören wird, weil ihr unaufhörlich betet und sühnt und niemals Meine Kleine, die die Weltensendung erhalten hat, allein lasst. Niemand kann ermessen, was es bedeutet, eine Weltensendung zu haben und dadurch ein Weltenleid ertragen zu müssen.

Meine kleine Schar, haltet durch! Haltet durch! Seid tapfer und mutig! Hofft jeden Tag weiterhin auf die Erfüllung der Weltensendung. Wann der Himmlische Vater diesen Eingriff plant, weiß niemand. Aber ihr sollt vertrauen, dass Er in dem Augenblick, wenn es erforderlich wird, ganz anders eingreift als ihr es euch vorstellen und ihr es jemals ergründen könntet. Es wird etwas so Großes sein, dass auch dies unfassbar sein wird.

Glaubt und vertraut tiefer. Haltet euch aneinander fest. Stützt Meine Kleine in jedem Augenblick und lasst sie nicht allein. Dieses Leid ist ein

Weltenleid. Es wächst sich aus, weil der Schmutz in der Welt noch zunehmen wird.

Ich, als Himmlische Mutter, hätte es euch am liebsten nicht prophezeit, aber Ich wünsche, dass ihr es mit Mir ertragt, dass ihr nicht weglauft, sondern aushaltet und durchhaltet.

In dieser verschmutzen modernistischen Kirche ist nun alles möglich geworden – leider. So sieht es der Himmlische Vater. Aber alles wird eines Tages in eine glorreiche Kirche umgewandelt werden, viel schöner als ihr es euch jemals erträumen könnt. Darauf sollt ihr euch freuen. Das muss eure ganze Zuversicht sein für die zukünftige Zeit. In alle Ewigkeit wird sie erblühen, schöner als ihr es jemals erwartet.

So segnet euch eure liebste Mutter, die Unbefleckt Empfangene Mutter und Königin vom Sieg und die Dreimal Wunderbare Mutter, Königin und Siegerin von Schönstatt und die Rosenkönigin von Heroldsbach mit allen Engeln und Heiligen, im Namen des Vaters und des Sohnes und des Heiligen Geistes. Amen.

Bleibt dieser wahren Kirche treu, der wahren Kirche! Bleibt bei der Wahrheit ganz und gar und lehnt euch nicht auf, wenn euch die Gerichtsbarkeit zu hart erscheint. Auch ihr werdet vor die Gerichte geschleppt, so wie es Jesus Christus Mein Sohn ertragen musste.

12. September 2015 – Fest des Namens Mariä. Die Gottesmutter spricht um 22.00 Uhr liebende Worte durch Ihr Werkzeug und Tochter Anne vom Krankenbett aus.

Anne: Im Namen des Vaters und des Sohnes und des Heiligen Geistes. Amen. Liebe Gottesmutter, ich flehe Dich an, mir ein paar Worte vom Himmel zu sagen, damit auch die anderen, die auf Deine Botschaft heute am 12., an Deinem Namenstag, inniglich auf ein paar Worte warten, durch dich gestärkt werden. Sprich Du zu ihnen Worte der Weisung, Worte des Trostes und auch Worte, die mich stärken, liebe Gottesmutter, damit ich weiterhin diesen schwersten Weg gehen kann und alles befolge, was der Himmlische Vater von mir wünscht. Wie Du weißt, fast 9 Wochen bin ich bettlägerig und fühle mich oft einsam, als wenn der Himmlische Vater und auch Du, liebe Gottesmutter, mir nicht mehr so nahe wären wie vorher. Deine Nähe habe ich dringend nötig, um die Kraft weiterhin zu haben, ‚ja Vater' zu sagen zu dieser schweren Krankheit, die mich niederdrückt, die mich aber auch auf Deine tröstenden Worte hinweist. Bitte sprich ein paar Worte, auf die ich so sehnlichst seit langem warte wie auch Deine Gefolgschaft und die, die an die Botschaften des Himmlischen Vaters und an Deine Botschaften glauben.

Die liebe Gottesmutter lässt sich erweichen. Heute, an Ihrem Namensfest, hat Sie ja gesagt zu dieser Bitte, die viele an Sie gerichtet haben, denn viele, viele warten auf diese tröstenden Worte der Gottesmutter, damit sie auch ihren schweren Weg, den Weg der Wahrheit, weiterhin beschreiten können.

Die liebe Gottesmutter spricht jetzt in diesem Augenblick: Ich, eure liebste Mutter, eure Gottes-Mutter möchte heute, an Meinem Namensfest, euch ein paar hinweisende liebende Worte mitteilen, damit ihr auch weiterhin gestärkt werdet auf diesem schwersten Weg, besonders ihr, Meine geliebte Gefolgschaft, Meine geliebten Muldaner, die ihr morgen in die Mulde gehen werdet und dort Meine Kraft, die euch auf eurem weiteren Weg bestärken soll, zu erfahren. Seid nicht traurig, dass Ich so lange gewartet habe, euch weitere Botschaften mitzuteilen. Ich nehme Rücksicht auf Meine Kleine, die sehr schwer erkrankt ist und von euch die Unterstützung weiterhin benötigt, dieses Weltenleiden zur erfüllen und die Weltensendung zu ertragen, damit sie weiterhin diesen schwersten Weg beschreiten kann und nicht nachlässt in ihrem stetigen: „Ja Vater, so wie Du willst und nicht wie ich es will. Nicht meine Wünsche sind wichtig, sondern Dein Wunsch und Dein Plan." Darin, Meine geliebte Gefolgschaft, sollt ihr sie weiterhin unterstützen. Auch ihr, Meine kleine Schar, schreitet weiterhin voran und unterstützt sie in ihrem Weltenleiden, das zur Weltensendung dringendst erforderlich ist.

Meine geliebte Gefolgschaft, Meine geliebte kleine Schar, Meine geliebten Pilger von Heroldsbach und von nah und von fern, Ich, eure liebste Mutter, möchte euch diese Worte mit auf den Weg geben. Bleibt tapfer, bleibt folgsam und schreitet weiterhin den Weg eurer Verfolgung voran. Ja, das ist der schwerste Weg. Ihr werdet verfolgt werden, weil ihr in der Nachfolge Meines Sohnes Jesus Christus liegt. Er erwartet von euch, dass ihr in der Verfolgung, im Leid und in der Krankheit, in Bedrängnissen und in Nöten immer wieder euer ‚ja Vater' wiederholt. Ihr alle, Meine geliebten Marienkinder, werdet den Weg der Verfolgung beschreiten müssen. Dazu benötigt ihr Meine liebenden und tröstenden Worte. Ich liebe euch alle sehr. Noch mehr kann Ich euch lieben, wenn ihr Meinem Sohn Folge leistet: Im Gehorsam, mutig und willig diesen Weg weiterhin geht, auch wenn er euch unverständlich erscheint, auch wenn ihr es nicht versteht, warum der Himmlische Vater immer noch nicht eingreift in dieser schwierigsten Lage, in der sich die Katholische Kirche heute befindet. Doch Sein Plan ist nicht unser Plan. Bedenkt das bitte, Meine geliebten Marienkinder. Er, der Himmlische Vater, weiß ganz allein, wann Er einschreiten wird. Die Siegesfahne hat Er erhoben und Er wird siegen über Satan, über die bösen Mächte, die die Katholische Kirche im höchsten Maße ergriffen haben. Was heute als Wahrheit beschrieben und auch legalisiert werden wird, ist Lüge, ist schwere Sünde und trotz allem wird diese schwere Sünde in die Welt hinein getragen und mit der wahren Katholischen Kirche in Verbindung gebracht. Dies ist alles Lüge und entspricht keineswegs der Wahrheit und der wahren Katholischen Kirche. Ein völliges Chaos ist dort entstanden und Ich, als Mutter der Kirche, leide darunter unsagbar mit Meinem geliebten Sohn Jesus Christus so wie du, Meine kleine Anne. Du weißt, dass Jesus Christus, Mein Sohn, in deinem Herzen die schwersten Leiden zur Zeit erlebt. Du nimmst an Seinem Kreuzesleiden teil, dadurch, dass du dieses Weltenleiden auf dich nimmst, dass du nicht mutlos und verzagt wirst und meinst, der Himmlische Vater sieht dein Leiden nicht. Er sieht alles und erlöst dich dann von diesem Leiden, wenn die Priester bereit sind – wenigstens einige – diesen schwersten Weg zu beschreiten, den Weg der Wahrheit, denn er führt zum wahren Leben.

Niemals wird diese wahre Katholische Kirche untergehen. Das wisst ihr, Meine geliebten Marienkinder. Doch dieser Weg ist der schwerste. Er führt zur Feindesliebe und die Feinde müsst ihr beginnen zu lieben. Die, die euch verfolgen, für die müsst ihr beten. Ihr seid jetzt für vieles verantwortlich, was auf euch zukommt und was ihr nicht versteht, was ihr nicht ergründen könnt. Und doch muss euer ‚ja Vater' folgen: Ich verstehe nichts aber ich glaube, dass Du da bist. Ich glaube, dass Du mich stützt, ich glaube, dass Du mich nicht allein lässt in all den Drangsalen, die mich befallen haben, in allen Krankheiten, die ich nicht verstehe und all dem fast Unzumutbarem, was Du von mir verlangst. Auch dazu muss ich ein bereites ‚ja Vater' sagen. ‚Ja Vater' auch wenn es unergründlich für mich ist und mir zu schwer erscheint, was Du mir zumuten musst in dem Weltenleiden, so will ich weiterhin diesen Weg gehen, gestützt von meiner kleinen Schar, gestützt von meiner Gefolgschaft, die willig diesen Weg geht und betet und sühnt und opfert für all die Priester, die auch heute noch nicht bereit sind, diesen Weg zu beschreiten, denn die Heilige Opfermesse Meines Sohnes Jesus Christus steht auf dem Spiel. Man will sie völlig zerstören, doch dazu wird der Himmlische Vater niemals Sein Ja geben und dem Satan diese Vollmacht, diese wahre Heilige Opfermesse, die Heilige Eucharistie, zu zerstören. Das wird er nicht können, denn darüber wacht der Himmlische Vater ganz intensiv.

Der Himmlische Vater spricht: Das Heiligste ist die Heilige Opfermesse. Wenn ihr täglich diese Opfermesse auch nur nach der DVD feiert, so bleibt ihr in der Wahrheit und bleibt in der Nachfolge Jesu Christi, in Seinem Willen und in Seiner Gnade. Die vollen Gnaden werden über euch ausgeschüttet und ihr seid nie allein und alles wird gut werden, alles in dieser Kirche, die man wirklich nicht mehr als Katholische Kirche bezeichnen kann.

Alles wird sich ändern. Sie wird verwandelt in eine wahrhaft glorreiche Kirche. Deshalb ist auch das Haus der Glorie für euch, Meine kleine Schar, ganz wichtig, denn der Himmlische Vater wirkt dort in diesem, Seinem Haus der Glorie ganz anders wie ihr es erwartet. Ihr seid einsam und allein und meint, von diesem kleinen Ort Mellatz, von diesem Haus der Glorie, kann doch nichts geschehen. Niemand weiß etwas und auch ihr, Seine kleine geliebte Schar, könnt alles, was auf euch zukommt, nicht erklären und nicht ergründen aber ihr glaubt, dass der Himmlische Vater alles richtet, so wie es die Neue Glorreiche Kirche benötigt. Ihr sagt im voraus zu allem: „Ja Vater, so wie Du willst, wie Deine Wege sind, so werden wir weitergehen und zu allem, was wir nicht verstehen, werden wir sagen wie die Gottesmutter, ‚ja Vater' wir sind Deine Diener, Deine Auserwählten und wir wollen dir dienen und Dich trösten und bei Dir sein. Wenn alles zerstört wird sind wir bei Dir und wollen Dir diesen Trost erweisen, so wie Deine liebste Mutter es auch heute noch tut."

Die Gottesmutter spricht weiter: Meine geliebten Marienkinder, eure liebste Mutter ist beim Himmlischen Vater, um Trost für euch zu erbitten für alle, die diesen schwersten Weg weiterhin beschreiten werden und nicht nachlassen, zu flehen, zu sühnen, zu beten für die Neue Kirche, für das Neue Priestertum und für die Weltensendung, die ihr ganz sicher nicht begreifen werdet.

Liebste Marienkinder, seid wachsam! Satan geht um. Alle möchte er noch in seinen Bann ziehen, aber ihr seid geschützt. Wenn ihr Mich bittet und euch an Mein Unbeflecktes Herz flüchtet, so seid ihr in jeder Lage sicher. Glaubt daran, dass Ich, eure Himmlische Mutter, euch in Meine Arme nehme und euer Kreuz, was ihr alle aufgeladen bekommt, manchmal schwerer als ihr erwartet, mittrage und es manchmal sogar anhebe, wenn es euch zu schwer erscheint. Ihr seid Meine geliebten Marienkinder und euch verlasse Ich nicht.

Von Heroldsbach gehen große Gnaden in dieser Sühnenacht aus, weil ihr, Meine kleine Schar, hier in Mellatz durchhaltet. Diese Gnaden gehen über nach Göttingen, in eure Heimatstadt. Eure zweite Heimat ist Mellatz. Von hier aus gehen die größten Gnaden weit, weit hinaus, so weit, dass ihr es nicht verstehen könnt. Deswegen glaubt tiefer, dass in anderen Gebieten, anderen Städten und sogar in anderen Ländern die Bekehrungen voranschreiten. Ihr müsst es nicht erfahren. Ihr müsst glauben, dass der Himmlische Vater alles Unmögliche möglich machen wird, ganz anders wie ihr es erwartet. So wird es sein. Ja, es hat schon mit der Bekehrung der Muslime zu tun. Das möchte Ich euch noch sagen. Glaubt daran und achtet auf diese Reportagen. Sie sind für die Zukunft ganz, ganz wichtig. Ihr werdet dadurch gestärkt und tiefer in euren Glauben hineingeführt.

Glaubt und vertraut tiefer, denn die Liebe ist doch das Größte und sie führt zur Feindesliebe und dann bekommt ihr eine neue ganz große Kraft. Der Heilige Geist, die Liebe zwischen Vater und Sohn, wird euer Herz so weit öffnen, und durch Ihn werdet ihr vieles erfahren, was ihr nicht wisst. Gebt euch Ihm und Seinem Wirken hin, denn Ich bin die Braut des Heiligen Geistes und werde dies unterstützen.

Und so segnet euch heute eure liebste Mutter, mit allen Engeln und Heiligen in der Dreieinigkeit, im Namen des Vaters und des Sohnes und des Heiligen Geistes. Amen.

Ihr seid geliebt und geschützt in jeder Lage und diese Liebe wird euch täglich erinnern, dass ihr euren Glauben, wo es möglich ist, bezeugt. Amen.

13. September 2015 – Die Gottesmutter spricht am Fatima- und Rosa-Mystika-Tag um 19.30 Uhr nach der Heiligen Tridentinischen Opfermesse nach Pius V. im Haus der Glorie in Mellatz durch Ihr Werkzeug und Tochter Anne.

Anne: Im Namen des Vaters und des Sohnes und des Heiligen Geistes. Amen. Ich habe die Gottesmutter wiederum gebeten, sie möge doch ein paar liebende Worte zu Ihren Marienkinder sprechen, damit sie für die kommende Zeit mehr Kraft in ihrem Herzen spüren, weil sie durch diese, völlig im Chaos liegende Katholische Kirche, sehr leiden. Sie ist fast völlig zerstört. Würde der Himmlische Vater nicht Seine Hand als Herrscher der ganzen Welt über diese Seine Katholische Kirche halten, so würde sie nicht mehr existieren. Die Bischöfe, ja sogar der Heilige Vater, der ja von den Freimaurern gewählt wurde, liegt in der völligen Verwirrnis und im Irrglauben, so wie auch der gesamte Vatikan. Der Vatikan, so sagt die Gottesmutter, ist zur Kloake geworden. Es ist alles sehr traurig.

Jetzt spricht die Gottesmutter am Fatima- und Rosa-Mystika-Tag: Ich, eure geliebte Muttergottes, die Unbefleckt Empfangene Mutter und Königin vom Sieg, die Rosenkönigin von Heroldsbach und auch die Rosa-Mystika spreche heute zu euch, Meine geliebten Marienkinder, durch Meine geliebte Kleine, die ganz im Willen des Himmlischen Vaters liegt und nur Worte wiederholt, die heute aus Mir, ihrer Himmlischen Mutter, kommen.

Meine geliebte Kleine, ich weiß, dass du völlig überfordert bist und doch möchte Ich dich bitten, heute diese Weisungen in die Welt hineinzugeben und Meine Worte zu wiederholen, weil die Welt sie unbedingt benötigt für die kommende Zeit. Viele katholische Christen warten dringend auf die Botschaften von Mir. Das ist Mir bekannt, weil sehr viele dieses Internet anklicken und die neuesten Botschaften von Mir oder dem Himmlischen Vater erfahren möchten. Doch, Meine geliebten Kleinen, es ist für Meine Kleine sehr anstrengend, diese Botschaften in ihrem Zustand und nach neunwöchiger Bettlägerigkeit zu wiederholen. Sie ist sehr schwach geworden und leidet auch an ihrem zweimaligen Bruch an der rechten Hand. Dadurch ist sie völlig auf andere Hilfe angewiesen. Darum nehmt Rücksicht auf sie. Sie leidet größte Schmerzen, sei es durch ihre ständige Migräne und auch durch ihre großen Panikattacken, die sie sehr strapazieren. Doch der Himmlische Vater weiß wie es ihr ergeht und Er möchte durch ihre Sühne viele Priester in vielen anderen Ländern und Gebieten retten, damit sie nicht in die ewigen Abgründe hinabsinken, ansonsten würden sie jetzt wie Schneeflocken in die Hölle hineinstürzen. Das möchte der Himmlische Vater nicht. Darum verschiebt Er Seinen Eingriff weiterhin nach hinten, weil Er viele Sühneseelen bestellt hat, und weil Meine Kleine immer noch, nach so vielen Wochen, bereit ist, das ‚Ja Vater' zu wiederholen und zu sühnen, damit diese Priester umkehrwillig werden.

Es ist unfassbar, wie die Katholische Kirche heute zerstört wurde, dass die schwere Sünde als Wahrheit weitergegeben wird, die schwere Sünde der Homosexualität, und dass das Allerheiligste nicht mehr verehrt wird, dass die Ehrfurcht vor dem Allerheiligsten nicht mehr besteht, dass bei vielen Kardinälen und Bischöfen nicht einmal mehr an die Heilige Eucharistie, an das Allerheiligste Altarssakrament, geglaubt wird und sie es auch weiterhin nicht mehr verehren. Welch große Sünde laden sie auf sich, ja, Sünde auf Sünde. Sie verstehen es nicht, dass sie umkehren müssen, dass es für sie erforderlich ist, dass sie am Abgrund stehen und doch üben sie weiterhin ihre eigene Macht auf die Gläubigen aus und die Gläubigen meinen, dass diese Obrigkeit noch die Wahrheit verkündet aber in völliger Verwirrnis und im Irrglauben liegt. Der ganze Himmel weint wegen dieser schweren Sünden, denn der katholische Glaube wird vollkommen in den Schmutz getreten.

Doch Ich, der Himmlische Vater, der Herrscher der ganzen Welt und des Universums, habe seit langem das Zepter in die Hand genommen, und diese Katholische Kirche wird nie untergehen, im Gegenteil, sie wird sich zu einer glorreichen Kirche entwickeln, weil vor allen Dingen du, Meine geliebte Kleine, immer noch dieses Weltenleiden auf dich nimmst und dich nicht darüber beklagst, obwohl du manchmal auch in Verzweiflung gerätst. Doch das ist menschlich, weil diese schwere Last, die auf dir liegt, für dich als Mensch kaum tragbar ist. Du siehst keine Erfolge, im Gegenteil, dir wird immer nur das präsentiert, dass die Katholische Kirche tiefer in den Schlamm, in den Morast, hineingeht. Das hörst und siehst du im Internet. Du kannst es kaum fassen, doch du sühnst, weil du Mich, den Himmlischen Vater und auch die Himmlische Mutter siehst, wie wir leiden an dieser völlig zerstörten Katholischen Kirche und am zerstörten Vatikan.

Ihr, Meine Geliebten, lebt die Wahrheit. Ihr steht auf der rechten Seite und ihr seid im völligen himmlischen Schutz. Das soll euch immer wieder gesagt werden. Auch ihr, Meine geliebte Gefolgschaft, die ihr heute in Heroldsbach diese Heilige Opfermesse in der Mulde nach der DVD gefeiert habt, seid vom Himmel geschützt. Danke, dass ihr Mir treu geblieben seid bis auf den heutigen Tag und in jedem Monat diese Mühen auf euch nehmt. Ihr unterstützt Meine Kleine, besonders auch Meine geliebte Schar, die sie trägt in ihrem Weltenleiden. Die Weltensendung wird erfüllt werden in der Gänze. Schaut in die Apokalypse. Alles, was dort steht nach Johannes, wird sich ganz und gar erfüllen.

Wie es im Augenblick aussieht, Meine geliebten Kleinen, das ist maßlos und unfassbar für euch alle. Ihr leidet mit dem Himmlischen Vater. Und du, Meine Kleine, mit Jesus Christus in deinem Herzen, leidest ebenfalls sehr große Qualen. Das wird diesen Priestern, die umkehrwillig sind, angerechnet. Ihr werdet sehen, dass viele bereit sind, endlich umzukehren. Dies wird von anderen Ländern ausgehen, denn Deutschland liegt im Morast und im völligen Chaos mit fast den gesamten Bischöfen, Kardinälen, Erzbischöfen und Priestern. Das alles sieht für euch sehr traurig aus, aber die glorreiche Kirche wird im Glanze der Glorie erstehen. Vieles wird von euch, Meine geliebten Kleinen, von diesem kleinen Ort Mellatz, ausgehen. Das könnt weder ihr verstehen noch jemand anderes. Doch ihr müsst den Himmlischen Vater darüber sehen, Meine geliebten Marienkinder. Der Himmlische Vater regiert. Er hat alles in der Hand, und Er weiß, was Er tut und Er weiß, wann Er nach Seinem Himmlischen Plan eingreift.

Die Zornesschalen sind übervoll. Ja, das stimmt, so wie es in der Apokalypse erwähnt wird. Doch die Heilige Opfermesse nach Pius V. im Tridentinischen Ritus wird sich in der ganzen Welt verbreiten. Dies ist die einzige, wahre Opfermesse, nicht die Mahlgemeinschaft. Und die Priester werden erkennen, dass sie nur durch diese Heilige Opfermesse ihre Kraft der Verwandlung bekommen können und ihre eigene Kraft in dieser Verwirrnis der heutigen modernistischen Kirche abnehmen wird – ihre eigene menschliche Kraft, weil sie nur auf das Menschliche setzen und nicht auf das Göttliche und Himmlische. Sie lehnen weiterhin leider die Botschaften des Himmlischen Vaters konsequent ab und verachten sie und verfolgen Meine Boten, besonders Meine kleine Geliebte und ihre Schar. Doch alles wird sich erfüllen und ihr werdet staunen, wie der Himmlische Vater in Seiner Majestät, Allwissenheit und Allgewalt wirken wird – ganz anders, wie ihr es erwartet. Perfekt ist Sein Plan und er wird sich erfüllen nach Seinem Wunsch und nicht nach den Wünschen oder nach den Gedanken und Vorstellungen, die ihr habt. Nein, es wird sich alles ganz und gar anders erfüllen.

Habt Mut und dankt immer wieder dem Himmlischen Vater, dass Er euch hält, dass Er euch beschützt und euch immer wieder erneute Kraft gibt, damit ihr in diesem Morast der heutigen modernistischen Kirche alles ertragt. Die Liebe des Himmlischen Vaters wächst, weil ihr alles für Ihn tut, für das Himmlische Reich. Ihr denkt nicht an euch, ihr denkt: „Wie können wir den Himmlischen Vater trösten und wie können wir bei Ihm sein, wie können wir Ihm noch mehr Liebe entgegen bringen, denn unsere menschliche Liebe ist schwach." Ihr werdet gestärkt mit himmlischer Kraft. Und so wird es auch weitergehen, Meine geliebten Kleinen.

Habt weiterhin Mut und Hoffnung auch wenn es im Augenblick anders aussieht, was ihr nicht ergründen könnt und was sich alles anders ereignet, wie ihr es euch denkt. Trotz allem, verliert nicht den Mut, zweifelt nicht an der Allmacht Gottes, weil Er vom Haus der Glorie aus das Unmögliche möglich machen wird.

Eure liebste Mutter von Fatima und die Rosa Mystika möchten sich bei euch bedanken, dass ihr so durchhaltet und Mir so viel Freude bereitet habt an diesem Tag. Du, Meine Kleine, wirst noch heute deine Beichte ablegen und die Absolution erhalten, damit es dir ein wenig besser geht. Du wirst alles überstehen, auch wenn du dich im Augenblick so schwach fühlst. Es wird immer weiter gehen. Denke daran. Deine liebste Mutter wird dein Kreuz anheben, das dir im Augenblick zu schwer wird. Alles wird gut werden. Denke daran, dass du immer gehalten wirst, dass du mit menschlicher Kraft allein nicht durchhalten könntest. Doch die Göttliche Kraft trägt dich weiterhin. Darum glaube und vertraue tiefer.

Es segnet euch nun eure Himmlische Mutter, die Unbefleckt Empfangene Mutter und Königin vom Sieg und die Rosenkönigin von Heroldsbach, die Rosa Mystika und die Fatima Madonna mit allen Engeln und Heiligen, in der Dreifaltigkeit, im Namen des Vaters und des Sohnes und des Heiligen Geistes. Amen.

Anne: Gelobt und gepriesen sei das Allerheiligste Altarssakrament von nun an bis in Ewigkeit. Amen.

14. September 2015 – Fest Kreuzerhöhung. Der Himmlische Vater spricht nach der Heiligen Tridentinischen Opfermesse nach Pius V. in der Hauskapelle im Haus der Glorie in Mellatz durch Sein Werkzeug und Tochter Anne vom Krankenbett aus.

Anne: Im Namen des Vaters und des Sohnes und des Heiligen Geistes. Amen. Nach dieser Heiligen Opfermesse am Fest Kreuzerhöhung wird nun der Himmlische Vater in der Dreieinigkeit mit dem Sohn und dem Heiligen Geist vereint zu uns sprechen.

Der Himmlische Vater spricht in der Dreieinigkeit: Ich, der Himmlische Vater, spreche jetzt und in diesem Augenblick durch Mein williges, gehorsames und demütiges Werkzeug und Tochter Anne, die ganz in Meinem Willen liegt und nur Worte wiederholt, die aus Mir kommen.

Meine geliebte Kleine, für dich ist es fast unmöglich, diese Botschaft zu empfangen, da dein Kreuz schwer auf deinen Schultern lastet. Nicht gleich warst du bereit, diese Botschaft empfangen zu wollen, doch Ich, der Himmlische Vater, werde diese Worte dir in den Mund legen und du wirst sie wiederholen können, wenn du dein Kreuz auf dich nimmst, wie Ich es heute von dir wünsche.

Meine geliebte Kleine, Meine geliebte kleine Schar, Meine geliebte Gefolgschaft, Meine geliebten Gläubigen von nah und fern, besonders Meine geliebten Gläubigen der Wallfahrtsstätten Wigratzbad und Heroldsbach. Ihr alle seid berufen, besonders durch diesen heutigen Festtag der Kreuzerhöhung, euer Kreuz willig auf eure Schultern zu nehmen und es im Gehorsam zu tragen.

Warum feiert ihr heute dieses Fest? Weil ihr bereit seid, als katholische Christen euer Kreuz auf euch zu nehmen und Meinem Sohn Jesus Christus nachzufolgen. Ihr hört nicht nur Seine Worte in der Heiligen Schrift, sondern ihr befolgt sie. „Nehmt euer Kreuz auf euch und folget Mir nach“, so sagt Mein Sohn zu euch. Befolgt ihr dieses? Ja!

Wie sieht es mit den Protestanten aus? Sie lehnen das Kreuz ab. Sie sind nicht bereit, sich mit dem Kreuz zu bezeichnen. Sie sind nicht bereit, das Kreuz zu tragen und vor den Kreuzen eine Kniebeuge zu tätigen. Im Gegenteil, sie lehnen es ab. Dadurch, Meine geliebten katholischen Christen, verbeugt euch vor dem Kreuz. Macht das Kreuzzeichen ganz inniglich, denn im Kreuz allein ist das Heil.

Ohne das Kreuz werdet ihr nicht selig werden und die ewige Herrlichkeit nicht schauen dürfen. Hier auf Erden habt ihr das Kreuz im Gehorsam auf euch zu nehmen, auch wenn es euch zu schwer erscheint. Ich, der Himmlische Vater, werde euch dabei helfen. Auch Verzweiflung und Dunkelheiten werden über euch kommen, – tiefe Dunkelheiten sogar, denn ihr seid die Kinder Mariens. Habe Ich nicht Meiner liebsten Mutter das schwerste Kreuz aufgebürdet? Ja.

Und so seid ihr gestern erstaunt gewesen, dass die Muslime euch missionieren werden. Stufe für Stufe werden sie erkennen, was der Wahrheit entspricht. Im Augenblick lehnen sie sogar Meine liebste Mutter ab. Sie erkennen es nicht, – noch nicht. Doch Meine liebste Mutter wird dafür sorgen, dass sie auch Sie so verehren wie auch ihr sie über alles liebt. Seid nicht traurig darüber, dass ihr manches nicht ergründen könnt, warum es im Augenblick noch so erscheint. Doch, wie ihr seht, sind die katholischen Christen nicht mehr bereit, ihren Glauben zu bekennen und zu bezeugen. Sie meinen, die Heilige Schrift würde genügen: „Wir haben doch die Bibel", so sagen sie. Doch kennen sie die Bibel? Ganz sicher nicht. Und darin sind ihnen manche Muslime, wie ihr gehört habt, voraus. Sie kennen die Bibel. Aber reicht das aus, Meine Geliebten? Nein. Sie beachten nicht die Zeitenströme. Die Zeiten haben sich geändert. In der heutigen Zeit lehnen viele Bischöfe, Kardinäle und Priester den wahren Glauben ab. Sie nehmen nicht mehr ihr Kreuz auf sich und sie plädieren auch nicht für dieses Kreuz, was sie auf sich nehmen müssten, um allen voranzugehen. Im Gegenteil, sie lehren den Irrglauben und die Verwirrnis. Darum dürft ihr diesen Obrigkeiten nicht folgen.

Das ist der Kampf Satans, in dem ihr steht. Ihr müsst Satan die Stirn bieten und glauben, dass auch die Himmlische Mutter am gestrigen Tag die volle Wahrheit gesagt hat. Nichts darf von Ihren Worten verändert werden. Obwohl ihr es nicht versteht, müsst ihr das zu Papier bringen, was sie gesagt hat. Meine Mutter weiß um alles, was in eurem Herzen vor sich geht, doch glaubt. Sie bleibt eure Himmlische Mutter, die viel mehr erkennt und weiß als ihr jemals erfassen könnt. Was euch unergründlich erscheint, das glaubt trotzdem, wenn Ich, der Himmlische Vater, es euch mit der Himmlischen Mutter kundtue.

Es wird noch viel Zeit vergehen, bis der wahre Glaube in die Neue Kirche eindringt. Im Augenblick erlebt ihr die völlige Zerstörung der Katholischen Kirche, aber nicht der wahren Katholischen Kirche. Sie wird nicht zerstört, denn die Pforten der Hölle werden sie niemals überwältigen.

Nehmt euer Kreuz auf euch und folgt Meinem Sohn im Gehorsam und in der Demut nach. Tragt es willig und nehmt es auf eure Schultern, auch für andere, die nicht daran glauben und euch darum Verachtung entgegen bringen. Liebt das Kreuz und wachset im Glauben durch das Kreuz, denn die Kreuze machen euch heil in eurer Seele. Die schwersten Kreuze, Meine Geliebten, könnt ihr nicht verstehen, die Ich euch aufladen werde, weil ihr die Auserwählten seid. Auserwählung bedeutet auch Pflichterfüllung. Das, was ihr nicht versteht, sollt ihr auf euch nehmen und zum Vorbild werden für andere. Liebt eure Feinde und betet für sie, auch wenn sie euch verfolgen und euch Böses antun. Dann betet ganz besonders für sie, denn sie werden euch nachfolgen können durch euer stetiges Gebet, durch eure Sühne und durch eure vielen Opfer, die ihr bringt. Das ist nicht einfach für euch, besonders für dich, Meine Kleine, dieses Kreuz auf dich zu nehmen. Es ist unverständlich, heute, an diesem Tag, diese furchtbaren Migräneattacken zu ertragen und dann noch Meine Botschaften weitergeben zu sollen, so wie es in Meinem Plan steht.

Ich konnte es dir heute nicht ersparen, weil ansonsten der Protestantismus mit dem wahren Katholischen Glauben vermischt wird. Es ist ein sehr großer Unterschied zwischen dieser Glaubensgemeinschaft und der Einzigen, Wahren, Heiligen, Katholischen und Apostolischen Kirche. Es klafft ein großer Spalt zwischen der wahren Kirche und dem Protestantismus. Die Protestanten müssen erst zum wahren Glauben finden. Auch wenn sie die Bibel sehr gut kennen, so ist es nicht gesagt, dass sie zum wahren Glauben finden. Meine Botschaften lehnen sie ab, konsequent ab, weil sie nicht mit dem Übernatürlichen in Verbindung gebracht werden wollen, wie auch die falschen modernistischen Priester und Gläubige.

Modernismus ist Verwirrnis und Irrglaube. Und in diesem Irrglauben befinden sich heute viele, viele Priester, besonders die Obrigkeit im Vatikan. Sie können den wahren Glauben nicht weitergeben, denn sie sind nicht in der Lage dazu, weil sie selbst den Irrglauben leben, weil sie ihn verbreiten, weil sie kein Vorbild für andere sind und vor allen Dingen, weil sie ihr Kreuz vergessen haben, zu tragen. Sie haben das Kreuz an die Seite gelegt, weil sie es nicht benötigen. Ohne ihr Kreuz werden sie die ewige Seligkeit nicht erlangen. Sie werden sie nicht schauen dürfen, weil Ich dann sagen muss, Ich, der Himmlische Vater: „Zur rechten Zeit habt ihr Mir keinen Gehorsam erwiesen, darum kenne Ich euch nicht. Geht weg von Mir, denn ihr seid sündig und ihr werdet in die ewigen Abgründe hineingestoßen.“ Das wünsche Ich nicht von euch, aber so wird es sein, wenn ihr mir diesen Gehorsam nicht erweisen wollt wie es für euch alle erforderlich ist. Selig, die heute ihr Kreuz willig auf ihre Schultern nehmen und Mir danken, dass sie Meinem Sohn nachfolgen dürfen, denn Er ist für alle ans Kreuz gegangen, für alle Sünder und hat alle Sünder erlöst. Es kommt darauf an, ob diese Gnaden, die fließen, angenommen werden. Und daran fehlt es noch bei vielen.

Ich liebe alle, denn Ich Bin der Himmlische liebende Vater, der alles verzeiht, wenn sie zur rechten Zeit erkennen, was sie an Bösem getan haben und es von Herzen bereuen in einer gültigen Heiligen Beichte. Ich vergebe ihnen alles im selben Augenblick, in dem sie es bereuen, denn die Reue und das Bekennen in einer gültigen Beichte gehört nun mal dazu. Auch das lehnen die Protestanten ab: Die Sieben Sakramente, die Heilige Opfermesse, die wahren Priester, die die Verwandlung durch Meinen Sohn Jesus Christus in der Heiligen Opfermesse vollziehen. Auch das erkennen sie nicht, aber das ist erforderlich. So weit trennt euch der Protestantismus von der wahren, Heiligen, Katholischen und Apostolischen Kirche.

Da gibt es viel zu tun für euch, Meine Geliebten, zu opfern und zu beten für diese eure Feinde, die euch bedrängen wollen, von dem wahren Glauben Abstand zu nehmen. Die Freimaurer sind darin führend wie ihr wisst. Doch Ich, der Himmlische Vater, bin der Herrscher und bleibe der Herrscher der ganzen Welt und des Universums und werde alles in die richtigen Bahnen lenken. Habt nur Geduld und harrt aus bis zum Letzten und nehmt weiterhin euer Kreuz auf euch und folget Meinem Sohn in der Dreieinigkeit nach. Seid dankbar für all das, was Er euch zumutet – ja zumutet, was ihr nicht versteht und trotzdem ertragen sollt. Eines Tages wird eine Dankbarkeit in euch sein, dass ihr dieses Kreuz auf euch genommen habt, was ihr jetzt nicht verstehen konntet, denn Kreuze sind Gnadengeschenke, die ihr oft nicht versteht.

Ich, der Himmlische Vater, segne euch, weil Ich euch liebe und bleibe bei euch alle Tage und vergesse euch in keinem Augenblick, weil die Liebe euch ergreift und in dieser Liebe könnt ihr alles erreichen, denn ihr seid dann mit Mir in der Dreieinigkeit fest verbunden und mit eurer Himmlischen Mutter, die euch formt und beisteht und euch als Himmlische Mutter nie verlassen wird, weil sie euch über alles liebt als Himmlische Mutter, nicht als Maria.

Meine geliebten Kinder, sagt niemals Maria zur Himmlischen Mutter. Es ist ein grober Fehler, der sich eingeschlichen hat in die Katholische Kirche. Sie ist die Gottesmutter, die Muttergottes und die Gottesgebärerin und das ist viel mehr als Maria. Dadurch entstehen viele Ungereimtheiten und viel Übel, was in die Katholische Kirche leider durch diese Verunstaltung des Namens Maria eingedrungen ist. Viele Menschen tragen den Namen Maria, aber nur eine ist die Gottesmutter, nur eine einzige ist auserwählt von Ewigkeit her als Unbefleckt Empfangene Gottesmutter. Unbefleckt ist Sie allein und bleibt Sie allein. Sie ist sogar die Königin der Engel und der Priester und vieles, vieles mehr. Verehrt sie auch weiterhin, auch wenn andere sie ablehnen, dann liebt sie desto mehr. Die Reinheit ist Ihr wahres Erkennungsmerkmal. Dies soll für die Priester sein, obwohl die Priester es bisher nicht erkannt haben, dass sie sich Ihrem reinsten Herzen weihen sollen, dem Unbefleckten Herzen, weil sie diesen Schutz von Ihr benötigen, den wahren Schutz ihrer liebsten und schönsten Muttergottes, die die Priester über alles liebt und sie zurückbringen möchte zu Meinem Herzen, dem Herzen eures Himmlischen Vaters.

Und so segne Ich euch heute an diesem Tag der Kreuzerhöhung mit Meinem Sohn im Heiligen Geist, in der Dreieinigkeit und mit allen Engeln und Heiligen, besonders mit eurer liebsten Mutter, die bis zuletzt unter dem Kreuze stand, im Namen des Vaters, des Sohnes und des Heiligen Geistes. Amen.

15. September 2015 – Fest der Sieben Schmerzen Mariens. Die Gottesmutter spricht nach der Heiligen Tridentinischen Opfermesse nach Pius V. im Krankenzimmer im Haus der Glorie in Mellatz durch Ihr Werkzeug und Tochter Anne.

Anne: Im Namen des Vaters und des Sohnes und des Heiligen Geistes. Amen. Heute habt ihr die Heilige Opfermesse in würdiger Weise wie immer gefeiert und der Marienaltar war am Fest der Gottesmutter, Mariä Sieben Schmerzen, in goldenes und silbernes, gleißendes Licht getaucht wie auch der Heilige Erzengel Michael.

Die Gottesmutter wird heute an Ihrem Fest der Sieben Schmerzen sprechen: Ich, eure Himmlische Mutter, die Muttergottes und Gottesgebärerin, gebe euch am Fest der Sieben Schmerzen, das heute gefeiert wurde, einige Weisungen durch Meine Tochter Anne, die ganz im Willen des Himmlischen Vaters liegt und nur Worte wiederholt, die heute aus Mir kommen.

Ja, Meine Geliebten und du, Meine geliebte Kleine, du kannst es nicht fassen, dass du trotz deiner überaus starken Schmerzen eine Botschaft an die Menschheit weitergeben sollst, damit sie diesen Tag besonders begehen und sich Meiner Schmerzen erinnern sollen. Ich selbst stand unter dem Kreuz und habe die größten Schmerzen erleiden müssen und dürfen, weil der Himmlische Vater in der Dreieinigkeit es so wollte. Ich habe Meinen Sohn, den Gottessohn Jesus Christus, auf Seinem Kreuzweg begleiten dürfen und war bei Seiner Kreuzigung zugegen und auch danach. Die größten Schmerzen habe Ich erleiden müssen. Er, Mein Sohn Jesus Christus, hat sie Mir zugetraut, darum werde Ich auch zur Miterlöserin gekürt werden. Ich bin die aller Gnaden Vermittlerin, die Fürsprecherin in allen dringenden Anliegen, die Ich zum Himmlischen Vater bringen werde und auch die Miterlöserin. Viele Menschen wollen dies heute nicht glauben. Sie sehen nicht die ganze Wahrheit. Mein Sohn hat Mir das Allerschwerste zugemutet, Seiner liebsten Mutter, mit der Er ganz und gar tief verbunden war, die Ihn geboren hat. Ich, als Himmlische Mutter, musste trotz allem auch die schwersten Leiden erdulden.

Und so sammle Ich Meine Marienkinder ebenfalls unter das Kreuz. Du, Meine kleine Anne, hast heute die schwersten Leiden, für dich unfassbar, erdulden müssen. Du konntest es kaum ertragen und hast nicht erwartet, dass du noch eine Einsprechung bekommen könntest. Doch Ich, als Himmlische Mutter, wünsche es so, damit die Menschheit erfährt, dass diejenigen, die dem Himmlischen Vater am nächsten stehen, wie du, Meine Kleine, die größten Qualen erleiden, weil Jesus Christus, der Sohn Gottes, in deinem Herzen diese Qualen noch einmal durchleidet, weil Seine geliebten Priestersöhne Ihm keinen Gehorsam erweisen, weil sie dieses Heilige Opfermahl nicht in größter Ehrfurcht feiern wollen, weil sie Mich als Muttergottes, als Gottesgebärerin nicht anerkennen und Mich sogar nur Maria nennen. Das könnte irgendeine Maria sein aber niemals Ich als Gottesgebärerin, als Gottesmutter. In allen Institutionen, Vereinigungen und religiösen Gemeinschaften werde Ich als Maria bezeichnet. Dies entspricht auf keinen Fall dem Willen des Himmlischen Vaters. Einstens war Ich Maria, aber nach dem Gruß des Engels Gabriel, nach der Verkündigung, wurde Ich vom Heiligen Geist überschattet und das Heiligste wurde in Mir Mensch, Jesus Christus, der Sohn Gottes. Danach war Ich die Gottesmutter und niemals Maria.

Ihr, Meine geliebten Kleinen, seid darüber informiert, aber die Welt soll es wissen, dass sie Mich nur noch Muttergottes nennen sollen. Dadurch, dass sie dies nicht tun, entsteht viel Unheil in der Welt und ist bereits viel Unheil entstanden. Viele tief religiöse Gemeinschaften haben dieses Wort Maria übernommen und das hat diese Unstimmigkeiten und diese Sünde mit sich gebracht, dass Ich nicht mehr als Gottesmutter verehrt werde, sondern als einfache Maria. Mehr sollte Ich wohl nicht sein. Nennt ihr Mich, Meine Geliebten, die ihr an die volle Wahrheit glaubt, niemals wieder nur Maria, sondern immer Gottesmutter. Dann habe Ich die vollen Gnaden auszuschütten, ansonsten nicht. Vieles bleibt somit auf der Strecke. Viele Gnaden gehen dadurch verloren, denn die Priester sollen doch gerettet werden von ihren schweren Sünden und von der Modernistik. In die modernistische Kirche ist so vieles eingedrungen, so viele schwere Sünden, dass ihr dies niemals erfassen könnt. Und darum auch dein Leid heute, Meine Kleine.

Ich danke dir, dass du es getragen hast, denn kein Schmerzmittel konnte heute greifen, weil du dieses Leid deinem Jesus, der in dir leidet, zum Opfer gebracht hast für die Priester. Das sollte so sein. Du hast Meine Hand ergriffen, Meine Mutterhand. Ich wusste um dein Leid und Ich habe es mitgetragen und mit dir geweint, weil Ich es kaum ertragen konnte, dass du, Meine Tochter, heute, an diesem Tag, so leiden musstest, doch Ich konnte dir dieses Leid nicht abnehmen, sondern es nur mittragen. Trösten wollte Ich dich dadurch, dass du wissen solltest, der Himmlische Vater hat auch Mir das schwerste Leid zugemutet, denn es geht um das Weltenleiden und die Weltensendung, was dazu gehört.

Glaubt und vertraut, dass der Himmlische Vater alles nach Seinem Maß und Seinem Willen ändert. Es sieht oft nicht so aus, denn das Chaos ist überall eingekehrt und die schwere Sünde ist in die Katholische Kirche eingedrungen, diese Sünde der Unreinheit. Vor allen Dingen ist Deutschland davon am meisten betroffen: Kardinäle, Bischöfe und Priester. Darum leide Ich als Mutter der Priester an dieser schweren Sünde der Unreinheit am meisten.

Ich bitte euch inniglich, euch, Meine Marienkinder, opfert dieses Leid auf, was auch ihr als Marienkinder zu erleiden habt, für die Priester, damit sie umkehrwillig werden und in einigen anderen Ländern und Gebieten sich bereit erklären, endlich das Heilige Opfermahl im wahren Tridentinischen

Ritus zu feiern. Nur dieses Heilige Opfermahl entspricht der Wahrheit und schüttet die größten Gnaden aus über die Menschheit, über die Welt, die diese Gnaden dringend benötigt. Ihr habt die Verantwortung übernommen, weil ihr diese Leiden angenommen habt und weil ihr dieses Heilige Opfermahl seit vielen Jahren als einziges wahres Opfermahl feiert und mitfeiert. Ihr steht im größten Gnadensegen aber auch im Weltenleiden und in der Weltensendung. Am meisten verfolgt werdet ihr. Vieles werdet ihr nicht erfahren, weil Ich es abhalten kann, Ich als Mutter Meiner Marienkinder, die Ich sehr liebe und die Ich in jeder Lage unterstützen werde und die niemals ihrem Leiden erliegen. Wenn sie auch schweres Leid ertragen, so können sie es durch Mich wieder aufopfern, weil Ich ihnen als Mutter immer beistehen werde. Ich liebe Meine Marienkinder und bin bei ihnen und bin ihnen auch zum Trost da mit vielen, vielen Engeln.

So seid heute gesegnet in der Liebe eurer liebsten Mutter, die bei euch ist, die euch umarmt und die euch tröstet, mit allen Engeln und Heiligen in der Dreieinigkeit Gottes, des Vaters, des Sohnes und des Heiligen Geistes. Amen.

Gebt nicht auf, sondern tragt weiterhin dieses Weltenleiden für die Welt, damit sich alles ändern kann und der Himmlische Vater viele Priester noch rettet vor dem ewigen Untergang, die Ihm sehr wichtig sind und vor allen Dingen Mir, als Mutter und Königin der Priester. Amen.

20. September 2015 – Siebzehnter Sonntag nach Pfingsten. Der Himmlische Vater spricht nach der Heiligen Tridentinischen Opfermesse nach Pius V. im Krankenzimmer durch Sein Werkzeug und Tochter Anne.

Anne: Im Namen des Vaters und des Sohnes und des Heiligen Geistes. Amen.

Der Himmlische Vater spricht: Ihr habt heute den 17. Sonntag nach Pfingsten mit einer Tridentinischen Opfermesse nach Pius V. mitfeiern dürfen. Es war von Mir, dem Himmlischen Vater, so bestimmt. Du, Meine Kleine, hast nicht erwartet, dass du von Mir, deinem Himmlischen Vater, für die, die glauben, diese wegweisende Botschaft heute bekommst.

Ich werde dir prophetische Worte in den Mund legen, die du dir selbst nicht erklären kannst. Diese Botschaft wird nicht nur wegweisend für dich sein, sondern auch die schwerste Botschaft. Das wird nicht leicht für dich sein.

Du, Meine Kleine, wirst die schwersten Leiden, die du jemals erlebt hast, auf dich nehmen müssen. Du hast das größte Leiden, das Weltenleiden, zu durchstehen mit deiner kleinen Schar und deiner Gefolgschaft. Ich werde nicht auf diese Bischofssynode eingehen. Das ist im Augenblick nicht wichtig für euch. Tragend wird für euch alle Meine Kleine und ihr Weltenleiden sein. Wenn sie sich nicht bereit erklären würde, weiterhin diese Leiden ertragen zu wollen, so könnte Ich nicht durch Meinen Sohn Jesus Christus in ihr wirken, der nun in ihr erneut ans Kreuz geschlagen wird von fast allen Priestersöhnen, von den Bischöfen und der gesamten Kurie. Das ist ihr Weltenleiden.

Schmutz hat Deutschland und die Katholische Kirche ergriffen. Die Sendung eures Vaterlandes habt ihr verspielt, Meine geliebten Priestersöhne, auf die Ich gesetzt habe. Darum muss Ich in Meiner Kleinen leiden. Darum erleidet sie die größte Trockenheit, Verlassenheit und Einsamkeit in ihrem Herzen, denn sie meint, Ich, der Himmlische Vater, hätte sie auch verlassen. Diese Verlassenheit hat Mein Sohn Jesus Christus am Kreuz erlebt als Ich Ihn als Himmlischer Vater verlassen musste. Er sagte: „Mein Vater, warum hast Du Mich verlassen?“ Und diese Verlassenheit erlebst du jetzt in dir, durch Meinem Sohn Jesus Christus, Meine geliebte Kleine, die Ich über alles liebe und der Ich die größten Schmerzen zufügen muss. Es fällt Mir schwer, dich so leiden zu sehen. Seit 10 Wochen bist du bettlägerig und nicht einmal fähig, die Heilige Opfermesse in der Hauskapelle erleben zu dürfen. Du bist nicht fähig, dich im Augenblick selbst zu versorgen, sondern durch deinen doppelten Armbruch, bist du völlig auf fremde Hilfe angewiesen, auf die Hilfe deiner kleinen Schar, die dich stützt und die bei dir ist. Deine menschlichen Kräfte haben dich vollkommen verlassen. Du kannst nur noch auf die Kraft Gottes setzen. Dein Himmlischer Vater hat dich nicht verlassen in deiner Trockenheit, wie du meinst. Du schreist zum Himmel, ja, du schreist zum Himmel Tag und Nacht, weil diese Einsamkeit für dich die schwerste ist, die du nun durchzustehen hast. Das mutet dir dein Himmlischer Vater zu. Tränen weinst du Tag und Nacht, schwerste Schmerzen begleiten dich, und doch ist es Mein Wille und Plan.

Das ist Meine Botschaft heute an dich, Meine geliebte Kleine. Du wirst von dieser Botschaft nicht so angetan sein, weil sie dich nicht aus dieser Dunkelheit heraushebt, denn Dunkelheit hat das ganze Vaterland Deutschland ergriffen. Deutschland hat seine Sendung verfehlt. Ist das nicht bitter für deinen Himmlischen Vater? Deutschland hat seine Sendung verfehlt, ich sage es nochmals. Es ist nicht der Flüchtlingsstrom, der einreist ins Vaterland, sondern es sind die Islamisten. Sie werden sich gegenseitig umbringen. Sie werden sich abschlachten. Ist das nicht bitter? Es ist ein teuflischer Glaube, der einkehrt in Deutschland und ihr habt ihn hineingelassen, ihr Deutschen.

Ihr deutschen Priester, wo wart ihr, als es Zeit wurde zu beten und zu opfern? Meine Kleine war bereit. Sie hat ‚ja Vater' für euch gesagt und erwartet, dass ihr spürt, warum Meine Kleine so sühnt, warum sie so leidet. Ihr habt ihr dieses Leid nicht abgenommen, im Gegenteil, ihr habt es noch verschlimmert.

Ihr, in Wigratzbad, habt die große Sendung verfehlt. Du, der Leiter, hast das größte Leid über Meine Kleine gebracht. Du hast sie verachtet und dein sogenannter Diakon war dir dabei behilflich. Der Böse ist in euch eingekehrt und übt seine Macht in euch aus. Ihr werdet bald erkennen, dass Ich der Herrscher über Wigratzbad bin, nicht ihr. Mit einem Fingerstreich kann Ich euch wegfegen, wenn Ich es will. Meinen Zornesarm habe Ich schon seit langem erhoben, und der Zornesarm wird wirksam in den Islamisten. Ein Reich wird sich gegen das andere erheben und ein Volk gegen das andere. Die Apokalypse wird immer mehr Wirksamkeit erlangen. Ihr braucht nur an sie glauben. Der Glaube wird euch helfen. Wenn ihr anfangt, den Glauben nicht mehr zu leben, sondern vollkommen versagt, dann kann Ich euch nicht mehr schützen. Aber ihr, Meine Kleinen, glaubt.

Wenn du, Meine kleine Prophetin, meinst, du bist völlig verlassen, so musst du bedenken, dass die menschliche Kraft am Ende war, aber nicht die Göttliche. Die Göttliche hat dich gehalten. Und in der göttlichen Kraft hast du nicht versagt. Du sagtest: „Ich bin ein Versager", nein, das bist du nicht, im Gegenteil, du bist Meine geliebte Kleine, die Ich umarme und der Ich alles verzeihe. Du konntest gar nicht anders, als du dich plötzlich von deinem Himmlischen Vater verlassen fühltest und Worte aussprachst, die du dir gar nicht erklären konntest. Diese tiefe Verlassenheit und Trockenheit hat dich am gestrigen Tag ergriffen. Wie schwer war es für Mich, den Himmlischen Vater, dich in dieser Verlassenheit zu belassen, obwohl Ich am liebsten deine Hand ergriffen hätte und dich rausgeholt hätte, aber ich musste dieses Leid zulassen. Es war für dich bestimmt. Es war dein Kreuz, was du willig auf dich genommen hast und auch jetzt noch tust. Du verlässt

Mich nicht, deinen Himmlischen Vater. Du hast Mich noch nie verlassen, im Gegenteil, denn dieses Weltenleiden ist unfassbar groß für dich geworden. Das Kreuz ist unfassbar schwer. Mit allem, was dazu gehört, hast du es auf dich genommen für die Welt, für die, die nicht glauben, für die, die Mich nicht loben, nicht preisen und Mich verachten, verleugnen, wie dieser Direktor in Wigratzbad.

Ich, wollte ihn retten vor dem ewigen Unheil, vor dem ewigen Absturz in die Hölle. Und immer noch möchte Ich ihn retten, denn Ich wünsche nicht, dass jemand in die ewigen Abgründe hinabsinkt. Doch der Böse ist dort eingekehrt, wo Hass und Zwietracht herrscht. Wo dieser sogenannte Diakon bereit war, die Lüge an die erste Stelle zu setzen. Ihr wurdet von Mir, dem Himmlischen Vater, geführt und ihr habt die Wahrheit gesagt. Doch diese Wahrheit wurde von der Staatsanwaltschaft als Lüge angesehen. Für diese Lüge von der Gegenseite werdet ihr bezahlen müssen. Doch auch das wünsche Ich. Ihr werdet verfolgt im höchsten Maße, und das ist Mein Plan, denn Mein Sohn Jesus Christus hat die größten Leiden und Verfolgungen in euch erleben müssen und wird es auch weiterhin tun. Doch der Sieg wird anders ausfallen als die Gegenseite es erwartet. Der Sieg wird Meiner Himmlischen Mutter gehören. Sie wird die siegreiche Königin sein und Ich der König in euren Herzen. Ihr werdet die ewige Krone erringen. Ist das nicht das Größte, was ihr erwarten dürft?

Eure Himmlische Mutter war immer bei euch. Die Engel werden euch stützen in den letzten schwersten Leiden, die Ich von euch erwarte. In der Trostlosigkeit und Verlassenheit, Meine Kleine, bin Ich. Du wirst es nicht spüren. Du wirst oft verzagen, sogar verzweifelt sein. Doch ist das nicht normal? Du siehst die menschliche Kraft und nicht die Göttliche in dir. Die göttliche Kraft wird siegen und nicht die menschliche. Die menschliche Kraft wirst du verlieren. Und in dieser menschlichen Kraft wirst du Worte aussprechen, die du selbst nicht verstehst. Doch du wirst zu Meiner kleinen Prophetin werden, die Worte ausspricht, die prophetisch und wegweisend für die ganze Welt sein werden. Glaube daran, dass Ich, der Himmlische Vater, dich lenke und leite und als Spielball leider benutzen muss, weil die Priester nicht auf Mich hören.

Du bist die einzige Botin, die im vollen Gehorsam Mir den Trost erweist, alles durch dich sagen zu dürfen und in dir ganz und gar Meine Wirkkraft ausüben darf. Viele Boten und Botinnen werden in dieser schwersten Zeit abfallen, weil es ihnen zu schwer erscheint, den Berg nach Golgotha zu erklimmen. Doch du, Meine Kleine, hast täglich die Heilige Opfermesse, die dich stützt und in der Ich mit Meinem Sohn Jesus Christus wirken kann und darf. Eine Heilige Opfermesse im Tridentinischen Ritus nach Pius V., die ganz allein den vollen Gnadenstrom enthält, durch den alle gestützt und geschützt werden, die sie erleben wollen und wenn es nach der DVD ist, hat die völlige Wirkkraft, und der Gnadenstrom wird in euch wirksam sein.

Glaubt daran, Meine geliebte Gefolgschaft. Stützt Meine Kleine weiterhin so wie bisher und vermehrt euer Gebet und eure Sühne. Achtet auf Mich, den Himmlischen Vater und denkt immer daran, dass das die allerschwerste Zeit bedeutet, die Verlassenheit und Trockenheit in Meiner Kleinen, was Ich ihr nicht gerne zufügen will. Aber schwersten Herzens muss ich es zulassen. Auch Meiner liebsten Mutter, habe Ich diese Trockenheit erleben lassen müssen. Warum? Weil Ich die Liebe bin. Und die Liebe verlangt das Höchste von den Liebenden. Die, die Ich am liebsten habe, denen muss Ich das größte Leid zufügen, aber es ist das Liebesleid und das verstehst du noch nicht, Meine Kleine. Es ist das Leid, das Ich dir aus Liebe schenke. Eines Tages wirst du dich für dieses Leid bedanken können. Noch ist es nicht so weit. Noch wirst du klagen und oft verzagen, weil es dir zu schwer erscheint. Denke dann daran, dass Ich dir eine Mutter zur Seite gestellt habe: Die Himmlische Mutter, die Engel und die Heiligen. Du wirst als Einzigste das Martyrium in deiner Seele erleiden, das volle Martyrium, dieses große Weltenleiden. Du darfst klagen und auch manchmal mutlos sein, aber gehe niemals ab von diesem Weg, niemals sage: „Nein Vater, nun verstehe ich nichts mehr. Ich gebe alles auf." Das darfst du nicht, Meine Kleine, – aufgeben. In jeder Lage werde Ich dich stützen, dann, wenn du sagst: „Ich verstehe nichts, Vater. Ich leide unsagbare Qualen, aber Du wirst mir helfen, diese Qualen bis zum Ende willig durchzutragen." Unsagbar schwer ist es für dich, – unsagbar schwer, aber es ist dein Weg, es ist dein Kreuz, was du allein zu tragen hast als Weltenleiden. Ich habe dir deine kleine Schar und die Gefolgschaft zur Seite gestellt.

Ist das nicht gut, dass Ich euch Meine kleine Monika zur Seite gegeben habe? Ist das nichts? Siehst du es nicht, dass ihr völlig ohne sie nicht mehr zurecht gekommen wäret? Es musste so kommen. Dies ist ihre Aufgabe, die sie übernimmt, – voll und ganz. Ihr, Meine kleine Schar, von euch hat jeder eine eigene Aufgabe bekommen. Ihr werdet sie voll und ganz erfüllen können, wenn ihr an Meine Allmacht und Allgewalt glaubt und nicht an eure Kraft, auf die ihr euch stützen könnt. Auch Meine Monika kann sich nicht auf ihre Kraft stützen, nur auf die Göttliche, sie wird in dir wirksam werden. Du wirst alles meistern in dieser Kraft. Du wirst vieles nicht verstehen. Auch du wirst aufbegehren, denn viel Leid wird über dich noch kommen. Sühneleid und Leid, wo du sagst: „Himmlischer Vater, hast du es so gewollt? Ich verstehe es nicht, warum sich alles so ereignen muss." Und doch wird es sich so ereignen wie es in Meinem Plan steht und nicht in deinem Plan. Du kannst nichts lenken. Du bist unfähig und du bedarfst völlig Meiner Göttlichen Hilfe.

Schaut auf das Leiden Meiner Kleinen. Es ist das größte Leiden. Vergesst nicht, sie in ihrem Leid immer zu unterstützen. Bisher habt ihr alles getan und Ich bedanke Mich bei euch, auch bei euch, Meiner geliebten Gefolgschaft. Ihr habt nicht versagt. Und du, Meine Kleine, hast auch nicht versagt, wie du denkst. Du leidest, und in diesem Leid wirst du vieles nicht verstehen können, was dein Himmlischer Vater dir zumutet. Du sagst: „Himmlischer Vater, hast du mich verlassen und vergessen?" Wie könnte Ich dich jemals vergessen? Doch die Verlassenheit ist die Trockenheit, die du erlebst. Die wirst du nicht verstehen, weil sie für dich unverständlich ist. Alles wird sich darin offenbaren, was nicht nach deinem Willen und nach deinem Wunsch sich ereignet. Du wirst manchmal meinen: „Habe ich den Verstand verloren? Wo bin ich, wo stehe ich?" Aber dann liebt dein Himmlischer Vater dich am meisten, denn du hast Mir alles geschenkt. Denke daran. Du hast gesagt: „Alles, Himmlischer Vater, für dich. Meinen Willen und meinen Verstand sollst du haben." Deshalb dieses Leid, denn im Leid liegt das Ziel und die Erfüllung. Eines Tages wirst du es spüren und wissen, der Himmlische Vater musste alles von dir verlangen, weil die Welt zu schlecht ist und weil die Katholische Kirche völlig am Boden zerstört ist. Wenn Ich, der Himmlische Vater, in Meinem Sohn sie nicht halten würde, so würde man nur noch mit Füßen auf sie treten, denn in Deutschland ist der Morast, der größte Schmutz in die Katholische Kirche eingedrungen. Und dies alles erlebt der Himmlische Vater in Seinem Sohn und in der Reinsten aller Reinen, der Himmlischen Mutter, die weint und wehklagt mit Ihrem und Meinem Sohn Jesus Christus, Ihrem einzigen Sohn, den Sie geboren hat. Als Miterlöserin muss Sie alles mit erleiden, und ihr seid Ihre Kinder. Erwartet ihr etwas anderes von Ihr, der Himmlischen Mutter? Wollt ihr, als Ihre Kinder, nicht mit Ihr leiden? Wollt ihr nicht diesen Leidensweg mit Ihr gehen? Geht mit Ihr. Geht an Ihrer Hand. Ihr seid nicht verlassen. Ihr habt das größte Band der Liebe in Ihr. Das dürft ihr nicht vergessen. Wenn ihr verzagt, so ist Sie gleich neben euch und stützt euch mit Billionen von Engeln, die sie herabsendet. Tag und Nacht fleht sie am Thron des Himmlischen Vaters, dass ihr nicht aufgebt. Ich flehe euch an: Gebt niemals auf, ihr, die ihr glaubt und vertraut. Der Glaube, die Hoffnung und die Liebe werden euch durch die schwersten Zeiten hindurchtragen.

Dies ist eine große wegweisende Botschaft an euch alle, die Ich euch heute gegeben habe. Du, Meine Kleine, hast in Meiner Kraft diese Worte empfangen und weitergegeben. In deiner Kraft wirst du dies nicht schaffen. Verlasse dich nicht auf deine Kraft. Denke immer daran, dass du nur noch von der Göttlicher Kraft gehalten wirst. Aber das ist der letzte Weg, der Weg nach Golgotha. Das bedeutet jetzt für dich, den Kalvarienberg hinaufzusteigen bis zur Spitze und im größten Leid nicht zu verzagen, sondern es zu erleiden, weil Mein Sohn Jesus Christus in dir jetzt von Seinen Priestersöhnen gekreuzigt wird. Von Seinen geliebten Priestersöhnen wird Ihm die Dornenkrone aufgedrückt. Er wird von Seinen Priestern gegeißelt und ans Kreuz geschlagen. Oh, geliebte Priestersöhne, wie sehr habe Ich euch gewarnt und ihr habt nicht gehorcht. Ich bin euch hinterher gegangen und ihr wart nicht da. Ihr lebt den Modernismus, und darin hat der Teufel seine Kraft. Der Böse wird euch umgarnen und verführen, denn er ist listig.

Ich segne euch nun mit Göttlicher Kraft, mit Göttlicher Liebe, mit Göttlichem Vertrauen und Göttlicher Treue. Treu bis in den Tod, Meine Geliebten, so sollt ihr sein. Das ist Meine Liebe, die ich ausströme über euch. Ich liebe euch unermesslich, die, die ihr glaubt, besonders Meine geliebte kleine Schar und Gefolgschaft. Ich segne euch in der Dreieinigkeit, mit allen Engeln und Heiligen, besonders mit eurer liebsten Mutter, im Namen des Vaters, des Sohnes und des Heiligen Geistes. Amen. Bleibt Mir treu und geht diesen schwersten Weg nur in der Liebe. Amen.

27. September 2015 – Achtzehnter Sonntag nach Pfingsten. Der Himmlische Vater spricht nach der Heiligen Tridentinischen Opfermesse nach Pius V. im Krankenzimmer im Haus der Glorie in Mellatz durch Sein Werkzeug und Tochter Anne.

Anne: Im Namen des Vaters und des Sohnes und des Heiligen Geistes. Amen.

Der Himmlische Vater spricht: Heute habt ihr den siebzehnten Sonntag nach Pfingsten nachgefeiert, da es der achtzehnte Sonntag nach Pfingsten ist und ihr ihn bereits am letzten Sonntag vorgezogen hattet. Das war Mein Wunsch und Wille. Vom Krankenzimmer geht diese Botschaft aus.

Ich spreche durch Mein williges, gehorsames und demütiges Werkzeug und Tochter Anne. Sie wiederholt Meine Worte, obwohl es ihr menschlich kaum möglich ist. Sie liegt in den höchsten Qualen, das heißt, Jesus Christus, der Sohn Gottes, erleidet heute in Seinen Priestersöhnen, die Ihm keinen Gehorsam erweisen, diese höchsten Qualen. Sie schlagen Ihn erneut ans Kreuz, setzen Ihm die Dornenkrone auf, peitschen Ihn und verspotten Ihn. Das bedeutet für dich, Meine Kleine, dass du diese Qualen im höchsten Maße erleidest, weil Ich dich als Spielball benutzen muss. Ich, der Himmlische Vater, sehe deine Qualen und fühle sie weit mehr als du. Mein Sohn leidet in der Gottheit und Menschheit in dir.

Du bist heute den Kalvarienberg ein Stück hinaufgegangen und hast höchste Qualen erleiden müssen. Menschlich bist du seit langem am Ende, doch die Göttliche Kraft verlangt von dir das Höchste. Du schaust auf das Kreuz, auf Mein Agoniekreuz, das Kreuz Meines Sohnes. Das ist für dich heute der Maßstab des Leidens, die Dornenkrone. Sehr ungern lasse Ich dich diese Qualen erleiden, doch sie sind für Meine Priestersöhne erforderlich, das heißt, Meine Bischöfe, Erzbischöfe, Kardinäle und Priester in Deutschland stehen am Abgrund. Ihre Sendung haben sie verfehlt und du, Meine Kleine, leidest mit deiner kleinen Schar und Gefolgschaft. Du kannst es nicht verstehen. Du erleidest die größten Qualen und weinst, weil du meinst, du kannst sie nicht mehr aushalten.

Kein Arzt könnte dir diese Qualen im Augenblick nehmen, obwohl sich eine schwere Entzündung in deinem Unterarm gebildet hat. Am heutigen Tag, am Sonntag, verlange Ich diese Leiden von dir, die du nicht verstehst.

Wie sehr verachtet man Mich, den Himmlischen Vater und verspottet Mich in Meinem Sohn, der alles für euch erduldet hat, die größten Leiden. Ich sende Meine Prophetin zu euch, um euch zu retten. Schaut auf ihre Qualen! Dieses Sühneleiden übernimmt sie für euch. Wollt ihr immer noch nicht umkehren? Wollt ihr Mir, dem Himmlischen Vater, diese Qualen auf Mein Herz drücken? Und Mein Sohn muss weiterleiden in Meiner

Kleinen. Wollt ihr das, obwohl Ich euch alle retten möchte? Meine Liebe hört nie auf.

Ich muss nun einem anderen Land die Sendung, die Weltensendung, übertragen. Dieses Weltenleiden ist grausam, das Meine Kleine zu erdulden hat. Und trotzdem wird sie ja sagen: „Ja Vater, wie Du willst nicht wie ich will.“ Wie viel haben Meine Priestersöhne Mir angetan. Wie viel Leid haben sie Mir zugefügt. Trotz allem gehen noch zu viele Gläubige in diese modernistischen Kirchen hinein, obwohl der Schmutz, die Homosexualität, in diese modernistische Kirche eingedrungen ist. Glauben es diese vielen Gläubigen, die in die Irre gehen und verwirrt werden, nicht, dass sie aus diesen Kirchen herausbleiben müssen? Der Teufel hat die Macht in diesen Kirchen ergriffen. Die Tabernakel sind leer und die Priester sind oft besessen und umsessen vom Bösen. Die Gläubigen werden mit verirrt und verwirrt. Eines Tages werdet ihr hinausfliehen müssen, aber dann ist es für viele zu spät, weil ihr besessen seid, vom Bösen umringt. Dann könnt ihr euch nicht mehr selbst befreien.

Warum glaubt ihr nicht? Habe Ich nicht Meine Prophetin auserwählt, um auch euch zu retten vor diesem Untergang? Ich möchte euch von diesem Schmutz, der dort herrscht, bewahren. Diese Priester verachten Meine liebste Mutter und Ihre Reinheit. Sie leben nicht die Reinheit. Im Gegenteil, die Homosexualität hat sie ergriffen und der Böse hat Einlass in ihre Seelen bekommen, in ihre verschmutzten Seelen.

Deutschland hat die Sendung verloren. Das ist bitter für euren Herrn Jesus Christus, der Deutschland an die Spitze der Katholischen Kirche und der Welt setzen wollte. Das habt ihr verspielt, und Meine Kleine leidet die größten Qualen und ihr seht es nicht und ihr wollt diesen Strohhalm nicht ergreifen. Sie möchte euch retten durch ihr großes Sühneleiden und Weltenleiden. Sie weint bitterlich über euch, weil sie es nicht fassen kann, dass ihr nicht umkehren wollt, aber ihr könnt es und wollt es nicht. Und trotzdem liebe Ich euch.

Ein Schwert geht durch Mein Herz und diese Schwerthiebe hat Meine Kleine heute zu spüren bekommen. Es waren die Schwerter, die in das Herz Meines Sohnes gestoßen wurden von Meinen geliebten Priestersöhnen. Ihr könnt es nicht ermessen, wie diese letzte Zeit, die Ich Satan noch gewähre, aussieht. Noch hat Satan die Macht über diese Priestersöhne – noch. Doch wenn Ich eingreife, als Himmlischer Vater, dann ist es zu spät für diese Priester, dann kann Ich sie nicht mehr retten vor der ewigen Verdammnis. Ich will sie retten durch Meine Sühneseelen. Ich stelle sie euch zur Verfügung. Glaubt an diese Prophetien, an Meine Gerechtigkeit und an die Nächstenliebe. Diese Weisungen gebe Ich euch heute. Ich Bin der gerechte Himmlische Vater. Und zur rechten Zeit werde Ich über euch richten müssen.

Ihr habt Meine Boten verachtet und verstoßen. Ihr habt auf ihre Worte nicht gehört. Es waren Meine Prophetien, um euch zu retten. Ihr habt sie in den Wind geschlagen. Sie hat sie hinausgeschrien vor Not. Im Internet könnt ihr sie nachlesen. Glaubt und vertraut! Meine Kleine hat sich zur Verfügung gestellt für euch. Könnt ihr das ermessen, was das für sie bedeutet, das Weltenleiden zu übernehmen? Sie übt die Nächstenliebe und die Feindesliebe. Ihr aber übt nicht einmal die Nächstenliebe. Ihr liebt die, die den Schmutz in Meine Kirche hineinbringen. Aber Meine Propheten verachtet ihr und tötet ihre Seelen.

Meine Kleine erleidet das Martyrium in ihrer Seele. Das ist ihr Agonieleiden. Alle möchte sie retten. Und Jesus Christus, Mein Sohn, leidet unsagbare Qualen in ihrer Seele. Je mehr Er verachtet wird von den Priestern, umso mehr liebt Er sie. Die Liebe ist Sein Schwert. Er lässt es erneut in Sein Herz stoßen, obwohl Er diese Priester retten möchte. Warum übt ihr nicht einmal die Nächstenliebe? Ihr verstoßt euren Nächsten. Warum verstoßt ihr Meine Propheten und Boten aus den Kirchen und lasst den Schmutz hineinfließen? Warum erkennt ihr dies nicht? Ich möchte eure Seelen retten. Ich kann es nicht ertragen, dass so viele in den ewigen Abgrund hinabstürzen und Ich muss zuschauen, denn es ist für immer und ewig. Ihr seid dem Untergang geweiht, wenn ihr nicht bereit seid, jetzt umzukehren. Ich habe euch Meine Botin und Prophetin gesandt. Ich habe sie euch in ihrem Sühneleiden geschenkt. Ich musste ihr heute, an diesem Sonntag, das größte Sühneleiden zumuten, weil Ich euch retten will. Versteht ihr das oder glaubt ihr auch heute noch nicht? Ich stelle sie euch zur Verfügung, und sie sagt: „Ja Vater, wenn Du willst, so ertrage Ich dieses Leiden für dich, denn ich habe mich Dir ganz und gar geschenkt, mit allem, was ich bin und habe, mit meinem ganzen Herzen, mit meiner ganzen Seele, mit meinem ganzen Körper. Mit allen Leiden gehöre ich Dir. Du kannst über mich verfügen, so wie Du willst, auch wenn es mein Leben kosten sollte, so bin ich bereit.“

Meine geliebten Kinder, Ich danke euch, Ich danke euch allen, Ich danke euch, Meine geliebte Gefolgschaft, die betet und sühnt, die ihr Sühnenächte einberufen habt, Gebetsnächte, die ihr nicht aufhört zu glauben und eurem Heiland zu folgen, die ihr nicht aufhört zu beten und zu sühnen. Ich danke euch und Meiner geliebten kleinen Schar. Ich danke dir, Meiner geliebten Kleinen, die du diese unsagbaren Schmerzen auf dich genommen hast für Meine Priestersöhne.

Ich segne euch nun, euer Himmlischer Vater, in der Dreieinigkeit, mit allen Engeln und Heiligen, besonders mit eurer liebsten Mutter, die bittere Tränen weint und dich, Meine Kleine, segne Ich ganz besonders, im Namen des Vaters und des Sohnes und des Heiligen Geistes. Amen. Glaubt und vertraut, denn Ich liebe euch unermesslich. Amen.

2. Oktober 2015 – Fest der Heiligen Schutzengel. Der Himmlische Vater spricht nach der Heiligen Tridentinischen Opfermesse nach Pius V. im Krankenzimmer im Haus der Glorie in Mellatz durch Sein Werkzeug und Tochter Anne.

Anne: Im Namen des Vaters und des Sohnes und des Heiligen Geistes. Amen. Am heutigen Tag haben wir das Schutzengelfest gefeiert, zudem auch den Herz-Jesu-Freitag.

Der Himmlische Vater spricht: Ich, der Himmlische Vater spreche heute an diesem Tag durch Mein williges, gehorsames und demütiges Werkzeug und Tochter Anne, die ganz in Meinem Willen liegt und nur Worte wiederholt, die aus Mir, dem Himmlischen Vater, kommen.

Ja, Meine geliebten Kleinen, Meine geliebten Vaterkinder, Meine geliebte kleine Schar und Gefolgschaft und auch Meine geliebten Gläubigen von nah und fern, die ihr Meinen Botschaften nachgeht, sie befolgt und an sie glaubt, Ich, der Himmlische Vater, werde euch heute einige Weisungen kundtun, damit ihr diesen schwersten Weg, den Weg nach Golgotha, weiterhin beschreiten könnt.

Du, Meine Kleine, liegst in den größten Qualen Meines Sohnes Jesus Christus. Sein Herz wird am heutigen Tag von Seinen Priestersöhnen durchbohrt. Und diesen Schmerz, Meine geliebte Kleine, erlebst du. In diesen Qualen liegst du – aber in Wirklichkeit Mein Sohn Jesus Christus. Ertrage diesen Schmerz, denn es ist dein Kreuz. Dieses Kreuz kann dir niemand abnehmen, denn es ist für dich ganz allein bestimmt. Deine kleine Schar wird dich unterstützen in deinem Leid und dir es erträglicher machen, so wie es möglich ist. Doch den größten Schmerz wirst du ganz allein im Weltenleiden erleiden müssen. Sei nicht traurig, dass dein Himmlischer Vater diesen Schmerz dir überlassen muss. Es ist für Mich, dem Himmlischen Vater, sehr schwer, dich so leiden zu sehen. Leider kann Ich dir diesen Schmerz noch nicht abnehmen.

Warum, Meine geliebten Vaterkinder? Weil Mir von Deutschland aus der größte Schmerz zugefügt wird. Die Homosexualität nimmt überhand, nicht in anderen Ländern, sondern vor allen Dingen in Deutschland und darum musst du diesen Schmerz als Sühne erleiden, als Sühne im Weltenleiden besonders für Deutschland.

Die Sendung wird einem anderen Land übertragen werden müssen. Dieses tut Mir weh, weil Deutschland ausersehen war, ausersehen für die größte Sendung, die sie nun verfehlt hat. Und du, Meine Kleine, erlebst diesen Schmerz im Weltenleiden und musst ihn ertragen. Deine Gefolgschaft wird dich mit viel Gebet unterstützen müssen. Deine menschliche Kraft hat seit langem abgenommen, doch die Göttliche Kraft wird dich stärken, damit du dieses Leiden bis zum Ende erträgst – bis zum bitteren Ende.

Ich, der Himmlische Vater, werde nun bald eingreifen müssen. Dieser Eingriff wird furchtbar werden für alle. Ihr, Meine Geliebten, seid weiterhin geschützt, auch wenn ihr diesen Eingriff erleben werdet.

Das Martyrium deiner Seele, Meine geliebte Kleine, werde Ich dir nicht ersparen können, denn das Martyrium wird seinen Höhepunkt erreichen. Bis zur Spitze von Golgotha wirst du es erleben müssen, denn Meinen Sohn Jesus Christus haben Meine Priestersöhne erneut ans Kreuz geschlagen, wie Ich es bereits des Öfteren wiederholt habe. Sie drücken die Dornen erneut in Sein Haupt und geißeln Ihn, denn am heutigen Tag, am Herz-Jesu-Freitag, erlebt Mein Sohn Jesus Christus diesen Schmerz ganz besonders, denn sie haben Sein Herz erneut durchbohrt.

Es ist grausam für euch alle, dass ihr dies erleben müsst von den sündigen Priestersöhnen, ja, Ich wiederhole, von den sündigen Priesterseelen, die alle am Abgrund stehen, weil sie dieser Homosexualität Einlass gewähren. Das ist der böse Geist, der Teufel in Person.

Und nun werdet ihr am kommenden Sonntag diesen Tag erleben, an dem die Bischofssynode tagt. Ich sage euch, dass alles manipuliert wird. Nicht ein Quentchen Wahrheit wird dort herauskommen. Dann wird Mein Eingriff wirksam werden. Ich kann nicht anders, Meine Geliebten. Ich muss, als Himmlischer Vater, nun eingreifen, obwohl Ich es nicht wollte. Am Sonntag wird der Höhepunkt sein. In dieser Bischofssynode wird der böse Geist Zugriff haben, denn diese Bischöfe sind erwählt und ausgesucht von den Freimaurern. Nichts wird der Wahrheit entsprechen, alles wird mit der Lüge zugedeckt werden und diese Lüge wird, obwohl dieser falsche Prophet, der jetzt auf dem Papststuhl sitzt, es verhindern möchte, ans Tageslicht kommen.

Trotz allem werde Ich, der Himmlische Vater, alles aufdecken müssen, was nicht der Wahrheit entspricht, sondern der Lüge. In der Lüge ist Satan und Satan will alles zerstören, zusätzlich auch die Herzen der Gläubigen. Er möchte sie alle mundtot machen. Doch danach werden einige aufstehen und die Wahrheit bekennen. Darunter werden Gläubige sein, die sich vom moslemischen Glauben zum christlichen Glauben bekehren. Das werdet ihr nicht verstehen können. Aber so wird es sein!

Einige Gläubige werden dann aufstehen und sich auch zur Wahrheit bekennen. Alles wird nicht mehr so sein wie es war. Doch am Ende wird das Unbefleckte Herz Meiner Mutter und eurer Himmlischen Mutter siegen. Der Sieg ist auch euch gewiss, denn ihr seid Ihre Marienkinder und Meine Vaterkinder. Ihr werdet mit siegen, weil ihr diesen größten Kampf dann bestanden habt. Ihr habt ausgeharrt bis zur Selbsthingabe. Und darum werdet ihr diesen glorreichen Triumph auch erleben dürfen.

Haltet noch durch! Noch einige Zeit des Schmerzes und der großen Drangsal müsst ihr erleben, doch dann ist euch der Sieg gewiss. Schaut auf dieses Ziel, dann könnt ihr das Leid besser ertragen. Ihr seid doch Meine geliebten Kinder, denen Ich alles abnehmen möchte, was euch schwerfällt.

Aber leider habe Ich auch eurer Himmlischen Mutter das größte Leid aufbürden müssen, was Mir, dem Himmlischen Vater, sehr weh getan hat. Eure Himmlische Mutter ist euch im Leid vorausgegangen, denn das größte Leid musste Sie ertragen und ihr seid doch Ihre Marienkinder, die dann unter Ihrem Mantel der Geborgenheit sich erwärmen dürfen. Sie wird euch den Schutz herabflehen, besonders heute am Schutzengelfest. All eure Schutzengel werden euch in diesem Leid begleiten und sie werden euch auch den größten Schutz erbitten. Ihr besitzt alle mehrere Schutzengel nicht nur einen.

Eure Himmlische Mutter wird euch viele Engel erbitten, um den größten Schmerz, den ihr erleben müsst, ertragen zu können. Deshalb gebt nicht auf, sondern ertragt dieses Leid und dieses Kreuz bis zum Ende, denn dann werdet ihr belohnt, weil ihr geglaubt habt und den Anforderungen, die an euch gestellt wurden, gerecht geworden seid.

Ich liebe euch alle! Bedenkt, dass euer Himmlischer Vater euer Leid sieht und mitträgt. Ich schaue auf euer Leid und euer Kreuz und kann es euch leider nicht abnehmen. Das ist Mein größter Schmerz. Ich liebe euch unsagbar und bedanke Mich bei euch, dass ihr diesen Weg, diesen schwersten Weg, nun bis zum bitteren Ende ertragt.

Ich segne euch in der Göttlichen Kraft, in der Göttlichen Liebe und in der Göttlichen Treue in der Dreieinigkeit mit eurer Himmlischen Mutter und mit allen Heiligen, vor allen Dingen heute mit allen Engeln, im Namen des Vaters und des Sohnes und des Heiligen Geistes. Amen. Bleibt dem Himmel treu bis zum bitteren Ende. Amen.

3. Oktober 2015 – Die Gottesmutter spricht nach dem Zönakel und der Heiligen Tridentinischen Opfermesse nach Pius V. im Krankenzimmer im Haus der Glorie in Mellatz durch Ihr Werkzeug und Tochter Anne.

Anne: Im Namen des Vaters und des Sohnes und des Heiligen Geistes. Amen.

Die Gottesmutter wird sprechen: Heute habt ihr die Fraternita nach dem Zönakel gehalten. Ihr seid in den Pfingstsaal mit eurer lieben Gottesmutter eingetreten, ihr Meine geliebten Marienkinder.

Ich, eure liebste Gottesmutter, spreche heute durch Mein williges, gehorsames und demütiges Werkzeug und Tochter Anne, die ganz in Meinem Willen liegt und nur Worte wiederholt, die aus Mir kommen.

Meine geliebte kleine Schar, Meine geliebte Gefolgschaft, Meine geliebten Gläubigen und Pilger von nah und fern, alle, die ihr glaubt und vertraut, seid hier in diesen Pfingstsaal eingetreten, denn ihr wollt euch von Mir, eurer liebsten Gottesmutter, neu belehren lassen, denn Ich habe euch unter Meinen Mantel geschart. Ich möchte, dass Meine Kinder diesen schwersten Weg, diesen Kreuzweg, mit Mir gehen. Darum, Meine geliebten Kleinen, seid ihr nun aufgerufen, im Kampf gegen Satan mit Mir, eurer liebsten Himmlischen Mutter, zu kämpfen. Seid bereit und zieht mit Mir in den Kampf hinein!

Es wird nicht einfach sein für dich, Meine geliebte Kleine, dieses schwerste Leid, dieses Kreuz, in den letzten Tagen, bevor der Himmlische Vater eingreifen wird, zu tragen. Unermesslich schwer wird es auf deinen Schultern lasten. Doch denke daran, dass dieses schwerste Leid durchgetragen werden muss. Der Himmlische Vater wird dich vor allem Bösen schützen, und doch wird Er dir dieses große Kreuz nicht abnehmen können. Es ist für die ganze Welt bestimmt, und darum wird es auch sehr schwer für dich sein, es anzunehmen, weil es unerträglich sein wird. Die Schmerzen werden manchmal überhand nehmen, doch dann verzweifle nicht und denke daran, dass deine Himmlische Mutter dieses Kreuz mit dir trägt.

Mein größter Schmerz ist, Meine geliebten Kinder, dass Deutschland der Sünde der Unreinheit und der Unkeuschheit verfallen ist. Ich, die Reinste aller Reinen, habe euch allen die Keuschheit gelehrt, Meine geliebten Priestersöhne. Warum habt ihr nicht auf Mich gehört? Warum habt ihr euch nicht Meinem Unbefleckten Herzen verschrieben? Ich habe euch des Öfteren gemahnt: Weiht euch Meinem Unbefleckten Herzen, dann erst seid ihr geschützt. – Doch ihr habt nicht auf Meine Mahnrufe gehört. Im Gegenteil, ihr habt euch diesem Schmutz der Unkeuschheit hingegeben, der Homosexualität, die ganz Deutschland nun ergriffen hat. Wie sehr leide Ich, die Reinste aller Reinen, besonders für die Priester, die die Keuschheit leben sollten, aber es nicht tun und sich dieser Sexualität ausgesetzt haben. Immer wieder habe Ich sie angefleht, sie mögen sich doch Meinem Unbefleckten Herzen weihen. Sie haben es nicht getan, und darum hat sich diese Sünde in Deutschland so ausgeweitet, dass Deutschland seine Sendung, die für Deutschland vorgesehen war, verloren hat.

Nun wird diese Sendung auf ein anderes Land übergehen müssen. Das ist bitter für den Himmlischen Vater, denn alle Tugenden und alle Voraussetzungen für diese Sendung hatte Deutschland. Sogar der Heilige Vater Benedikt XVI. war vom Himmlischen Vater für Deutschland bestimmt worden. Auch er hat diese Sendung verloren. Und nun, Meine Geliebten, wie sieht es mit euch aus? Ihr lebt die Reinheit! Ihr schenkt Meinen Tugenden Gehör!

Übt weiterhin die Liebe, die Geduld und besonders die Demut. Die Demut bringt euch ans Ziel. Wenn ihr klein bleibt in all euren Fähigkeiten, die euch stolz machen könnten, dann übt ganz besonders die Demut, denn all eure Fähigkeiten, die ihr geschenkt bekommen habt, sind zwar für euch bestimmt, aber nehmt sie in der Demut an. Alles ist für euch vorgesehen vom Himmlischen Vater in der Dreieinigkeit. Niemals sollt ihr stolz und erhaben werden, sondern ganz klein bleiben, so klein, dass ihr ein Nichts seid, und dass der Himmlische Vater alles bewirken kann, was Er in Seinem Plan für euch vorgesehen hat, nicht was ihr euch erträumt oder wünscht. Das liegt nicht in Seinem Plan. Ihr bleibt für alle Zeiten unvollkommene Menschen. Nur wenn der Himmlische Vater in eure Herzen eindringt, dann erst beschreitet ihr den Weg der Heiligkeit, dann erst könnt ihr euch von den Sünden trennen und der Welt entsagen. Alles, was die Welt bietet, ist dann für euch nicht mehr wichtig, sondern ihr pflegt an erster Stelle die Reinheit, denn die Erbsünde ist die Unreinheit. Diese hat sich in einem gewaltigen Ausmaß in Deutschland verbreitet.

Ihr, Meine geliebten Kinder, pflegt nun weiterhin diesen Weg der Reinheit und geht den steilen Weg, den Kalvarienberg, bis nach Golgotha hinauf. Ihr werdet angefeindet, verfolgt, verleumdet und man wird euch die Ehre nehmen. Man wird euch vor die Gerichte schleppen, und trotz allem werdet ihr sagen: „Der Himmlische Vater hat uns berufen. Von Ihm sind wir auserwählt und wir künden Seinen Namen und bezeugen Ihn bis in alle Ewigkeit, und wir geben auch unser Leben dafür hin, wenn es darauf ankommt, den reinen wahren Glauben zu bezeugen." Und das, Meine Kinder, zeichnet euch aus. Dann seid ihr Meine Marienkinder und könnt diesen Kampf bestehen bis zum Sieg, denn wie ihr wisst, wird eure Himmlische Mutter den Sieg erringen mit Ihren Marien- und Vaterkindern. Ihr seid dafür bestimmt, mit Mir zu siegen.

Habt keine Angst vor allem, was kommen mag, denn ihr seid in jeder Lage geschützt, aber bedenkt, dass viel Leid auf euch zukommen wird, was ihr nicht verstehen und auch nicht ergründen könnt. Doch dies muss sein. Ihr seid die Auserwählten und diejenigen, die ihr Kreuz mit Würde tragen sollen. Nehmt euer Kreuz an und seid dankbar für alles, was euch bedrückt und für alles, was der Himmlische Vater im Kreuz und Liebesleid für euch vorgesehen hat. Dann dankt, wenn es euch zu schwer wird und begehrt nicht auf, sondern nehmt euer Kreuz weiterhin auf eure Schultern.

Der Himmlische Vater liebt euch, er liebt euch unermesslich und zeigt es euch eines Tages, dann, wenn es für euch vorgesehen ist, dass Er euch diese Glorie, die ihr verdient habt, zeigen wird – in der Ewigkeit. Die Ewigkeit ist euer Ziel, das Ziel für alle, das ihr nach dem Plan des Himmlischen Vaters erringen sollt.

Ich, eure Himmlische Mutter, werde alle darin unterstützen, die sich auf diesen Heiligkeitsweg begeben und vor allem, die nicht aufgeben und ausharren bis zum letzten Augenblick. Ich liebe euch und segne euch in der Dreieinigkeit mit allen Engeln und Heiligen, im Namen des Vaters und des Sohnes und des Heiligen Geistes. Amen.

Seid stark in allen Tugenden und bleibt stark auf dem Heiligkeitsweg. Amen.

4. Oktober 2015 – Neunzehnter Sonntag nach Pfingsten. Der Himmlische Vater spricht nach der Heiligen Tridentinischen Opfermesse nach Pius V. im Krankenzimmer im Haus der Glorie in Mellatz durch Sein Werkzeug und Tochter Anne.

Anne: Im Namen des Vaters und des Sohnes und des Heiligen Geistes. Amen.

Heute habt ihr das Heilige Messopfer im Tridentinischen Ritus nach Pius V. gefeiert. Es ist das wahre und einzige Heilige Opfermahl, das im gültigen Ritus gefeiert wird. Alle Priester, die dieses Heilige Messopfer feiern, liegen in der Wahrheit mit Jesus Christus, der dieses Heilige Opfermahl am Gründonnerstag eingesetzt hat für Seine Priestersöhne, die Ihm folgen.

Während der Heiligen Opfermesse habe ich mehrmals vom Krankenzimmer aus gesehen, dass der Opferaltar in gleißendes goldenes Licht getaucht wurde, wie auch der Marienaltar.

Der Himmlische Vater wird heute eine weltumfassende und weltbewegende Botschaft in die Welt hinaus senden:

(Anne: Diese Botschaft soll ich ganz und gar in Seiner Heiligkeit und Seiner Wahrheit empfangen und weitergeben, damit die Welt aufhorche und nicht dem Bösen verfalle.)

Ich, der Himmlische Vater, spreche jetzt und in diesem Augenblick durch Mein williges, gehorsames und demütiges Werkzeug und Tochter Anne, die ganz in Meinem Willen liegt und nur Worte wiederholt, die aus Mir kommen, am 4. Oktober, am Fest des Heiligen Franz von Assisi.

Meine geliebte kleine Schar, Meine geliebte Gefolgschaft, Meine geliebten Gläubigen und Pilger von nah und fern, ihr alle seid heute zu Meinem Hochzeitsmahl geladen. Ja, horcht auf die Heilige Schrift, auf das Heilige Evangelium von heute. Wer willig Meinen schwersten Weg mitgegangen, und wer sein Kreuz auf sich genommen hat und Mir weiterhin nachfolgt, der ist auserwählt, und der harrt auch bis zum Ende aus. Wer aber Meine Botschaften nicht befolgt, die Ich seit vielen Jahren in die Welt hinaussende, damit die Priester umkehren können, denn viele haben diesen Weg nicht beschritten, und sind nicht zu Meinem Hochzeitsmahl gekommen, das heißt, sie haben das Heilige Messopfer im Tridentinischen Ritus nach Pius V. nicht gefeiert, sondern sind dem Modernismus und der schwersten Sünde der Unkeuschheit verfallen, – zu denen werde Ich sagen: „Geht von Mir, denn Ich kenne euch nicht. Ihr seid auf ewig verdammt.“ Das ist schwer für Mich, diesen Priestersöhnen, die Ich einmal auserwählt hatte, dies sagen zu müssen. Aber die Priestersöhne, die Meine Wahrheit gelehrt und gelebt haben, zu ihnen werde Ich sagen: „Kommt an Meinen Hochzeitstisch, ihr seid geladen, ihr seid auserwählt und dürft teilnehmen am ewigen Hochzeitsmahl.“

Was bedeutet dies nun für die, die an diesem Heiligen Hochzeitsmahl teilnehmen dürfen? Sie haben Meine Wahrheit gelebt. Sie haben willig ihr Kreuz auf sich genommen. Sie haben nicht aufbegehrt als es für sie zu schwer wurde und sie nicht wussten, ob dies der Himmlische Vater von ihnen wünscht. Und doch haben sie ‚ja Vater‘ gesagt, obwohl sie nichts mehr verstehen konnten. Sie haben durchgehalten. Das Ende wird nun auf euch alle zukommen.

Diese weltbewegende und weltumfassende Botschaft wird die ganze Welt erreichen. Bis an die Enden der Erde wird sie dringen. Warum, Meine Geliebten? Weil heute, am 4. Oktober, ein besonderer Tag ist, denn die Bischofssynode in Rom hat begonnen. Ihr werdet sehen, Meine geliebten Kinder, Meine geliebten Vater- und Marienkinder, dass dieser ungültig gewählte Papst recht bald abdanken muss. Warum? Weil Ich es so wünsche, nicht weil ihr es wollt.

Er liegt selbst in der schweren Sünde und kündet weiterhin den Irrglauben. Die 10 Gebote hat er an die Seite gelegt, obwohl Ich allen Menschen diese 10 Gebote als Richtlinien für den wahren katholischen Glauben gegeben habe. Den Heiligen Petrus habe Ich dafür eingesetzt, das Oberhaupt der Weltkirche zu sein und den wahren Glauben zu künden. Der jetzige ungültig gewählte Papst hat seine Sendung verfehlt, sowie auch Deutschland, weil Deutschland weiterhin im Irrglauben und in der schweren Sünde verharrt.

Auch Wigratzbad habe Ich die Sendung genommen, weil dieser Leiter nach vielen Ermahnungen nicht bereit war, Wigratzbad zu retten, das heißt, die Sendung zu erfüllen, die Ich Wigratzbad gegeben habe. Diese Sendung ist auf Mellatz übergegangen. Ihr werdet dies nicht verstehen, Meine geliebte kleine Schar, denn ihr könnt es nicht ergründen, wie der Himmlische Vater dies nach Seinem Plan in Angriff nehmen wird. Ihr werdet nichts mehr verstehen können, wenn Ich, der Himmlische Vater, eingreifen werde. Ich werde als Gewaltiger Herrscher der ganzen Welt, als Allgewaltiger Gott, eingreifen. Dies möchte Ich euch nicht kundtun, wie dieser, Mein Plan, dann aussehen wird.

Ich werde Meine Geliebten, die diesen schwersten Weg mit Mir gehen, im vollsten Umfange beschützen. Meine liebste Mutter, die Himmlische Mutter, hat Mich darum gebeten, weil sie alle Ihre Marienkinder unter Ihren Schutzmantel nehmen möchte. Sie werden beschützt werden von Billionen von Engeln, die sie umgeben. Nichts wird ihnen geschehen.

Und du, Meine Kleine, hast dieses Weltenleiden, dieses Liebesleiden, nun bis zum Ende durchzutragen. Dann wird es eine andere Zeit für dich geben. Nicht auf ärztliche Kunst kannst du bauen, sondern nur auf Meinen Willen. Ich habe dir dieses Leid gegeben und es zugelassen. Ich werde es sein, der es dir ganz allein nehmen kann, und zwar zu dem Zeitpunkt, den Ich auswähle, nicht den, den du dir wünschst.

Ihr, Meine geliebte kleine Schar, ihr, Meine geliebte Gefolgschaft und auch ihr Gläubigen von nah und fern, die an Meine Botschaften bis zum Ende glauben, ihr seid gerettet, gerettet im vollen Umfang. Ihr werdet nicht dieser modernistischen und sündhaften Kirche verfallen, sondern ihr werdet die Kirche in Neuer Glorie erleben, wie Ich sie mit Meinen Priestersöhnen gründen werde, die Mir gehorchen. Ihr werdet dies erleben.

Glaubt daran und vertraut, dass euer Himmlischer Vater alles lenken und leiten wird, so wie Er es in Seinem Plan vorgesehen hat. Ihr seid berufen und auserwählt, doch zu diesen, die euch verfolgt haben, werde Ich sagen: „Geht weg von Mir, Ich kenne euch nicht, denn ihr habt Meine Boten verfolgt, verleumdet und verstoßen, ihr habt nicht an Meine Worte geglaubt. Ihr seid nun für die ewige Verdammnis vorgesehen und nicht für das ewige Hochzeitsmahl. Die Türen sind für euch verschlossen."

So wird es sein! Ihr werdet sehen, Meine geliebte kleine Schar und Gefolgschaft, wie der Himmlische Vater nun eingreifen wird. Die Wahrheit wird von allen Dächern verkündet werden. Von allen Enden der Erde werden die Menschen erfahren, wie Meine Wahrheit aussehen wird und nicht die Wahrheit dieser falschen Kardinäle, Bischöfe, Priester und des falschen Propheten, der den Heiligen Stuhl eingenommen hat. Er hat die Kirche, die Kirche Meines Sohnes, in die Irre und in die Verwirrnis geführt. Er wird sich nicht bei den Auserwählten befinden, sondern er wird am Abgrund stehen. Noch ein kleiner Stoß und er wird in die ewige Verdammnis hinabsinken wo Heulen und Zähneknirschen sein wird. Noch einen kleinen Augenblick gebe Ich ihm, um die Möglichkeit und die letzte Chance zu haben, umkehren zu können. Er muss selbst sein ‚Ja Vater' sagen, ansonsten ist er für die ewige Verdammnis bestimmt.

Nicht gerne, Meine geliebten Kinder, gebe Ich euch heute diese Botschaft, die weltbewegend ist und die von Mir, dem Himmlischen Vater, in die Welt hinaus geschrien wird.

Ich liebe weiterhin alle Meine Priestersöhne und bin bereit, ihnen all die schweren Sünden zu verzeihen, wenn sie zum Heiligen Bußsakrament zurückkehren, bereuen und ein neues Leben beginnen, ein Leben in der Wahrheit und niemals die Sünde, den Stolz und die Macht an die erste Stelle setzen wie bisher. Allen Meinen Priestersöhnen bin Ich nachgegangen und habe sie seit 11 Jahren daran erinnert, was ihre Sendung und ihre Aufgabe ist, die sie bisher nicht befolgt haben. Sie haben Mir und dem ganzen Himmel ein klares Nein entgegengesetzt durch diese modernistische Kirche, die sich nun im Morast, im größten Schmutz und in der größten Sünde befindet. Darum hat Deutschland diese Sendung verloren und Ich muss sie leider einem anderen Land übergeben. Deutschland hatte ich dafür vorgesehen. Aber Deutschland hat seine Sendung nicht erfüllt.

Es bleibt dabei! Es ist nicht rückgängig zu machen, Meine geliebten Kleinen. Auch wenn ihr darum bittet, so kann Ich es nicht tun. Sie haben Mich mit dieser schwersten Sünde der Unkeuschheit aufs Tiefste beleidigt. Dies ist die Erbsünde, die euch vorausgegangen ist und die Meine liebste Mutter, weil Sie die Reinste aller Reinen ist, schwer verletzt hat.

Ihr seid Ihr in allen Tugenden gefolgt. Darum seid ihr auserwählt. Ihr folgt Ihr in allem und ihr verehrt Sie, ihr liebt Sie und ihr habt euch Ihrem Unbefleckten Herzen geweiht, wie es auch für Meine geliebten Priestersöhne vorgesehen war. Leider haben sehr wenige Priester in der ganzen Welt dies getan, um den vollen Schutz in dieser letzten Zeit zu haben. Ungeschützt gehen sie weiter diesen verirrten und falschen Weg. Doch Ich liebe alle Meine Priestersöhne bis zum letzten Augenblick.

Ich segne euch nun in der Dreieinigkeit, vor allen Dingen segne Ich alle Priestersöhne, alle Mir geweihten Auserwählten, die treu geblieben sind, mit Meiner liebsten Mutter und allen Engeln und Heiligen, der Vater, der Sohn und der Heilige Geist. Amen.

Ihr alle seid geliebt von Ewigkeit her. Bleibt eurer Sendung und eurer Aufgabe treu bis zum letzten Augenblick! Amen.

7. Oktober 2015 – Rosenkranzfest. Die Gottesmutter spricht nach der Heiligen Tridentinischen Opfermesse nach Pius V. im Krankenzimmer im Haus der Glorie in Mellatz durch Ihr Werkzeug und Tochter Anne.

Anne: Im Namen des Vaters und des Sohnes und des Heiligen Geistes. Amen. Am heutigen Tag, dem 7. Oktober, habt ihr das Rosenkranzfest gefeiert. Der Altar, besonders der Marienaltar und auch die vielen Blumensträuße waren in goldenes Licht getaucht, sowie auch unsere liebste Gottesmutter. Die Unbefleckt Empfange Mutter und Königin vom Sieg wird heute, an Ihrem Ehrentag, sprechen.

Die Gottesmutter spricht: Ich, eure liebste Mutter, spreche jetzt durch Mein williges, gehorsames und demütiges Werkzeug und Tochter Anne, die ganz im Willen des Himmlischen Vaters liegt und nur Worte spricht, die heute aus Mir kommen.

Meine geliebten Marienkinder, Meine geliebte Gefolgschaft, Meine geliebten Gläubigen und Pilger von nah und fern, ihr seid alle gemeint. An diesem, Meinen Ehrentag, will Ich euch besondere Gnaden vom Himmlischen Vater erbitten, da ihr alle den Rosenkranz täglich in die Hand nehmt und betet. Betet für euer Vaterland Deutschland!

Ja, Meine geliebten Kinder, Meine geliebten Marienkinder, wie sehr leidet eure Himmlische Mutter unter dieser Misere in der heutigen Katholischen Kirche, besonders in Deutschland. Dass Deutschland seine Sendung verloren hat, tut Meinem Unbefleckten Herzen sehr weh, denn Ich, als Himmlische Mutter, habe für Meine Priestersöhne täglich am Thron des Himmlischen Vaters gebeten, Er möge sich ihrer erbarmen und ihre Herzen erweichen, denn sie sind erstarrt. Kein Lichtblick kommt mehr in ihre Herzen hinein. Sie erkennen nichts mehr, im Gegenteil, Dunkelheit hat ihre Herzen ergriffen, so dass sie ihren Verstand eingebüßt haben.

So weit ist es bereits in der Katholischen Kirche gediehen. Wie sehr leide Ich als Himmlische Mutter darunter und kann es doch nicht ändern, weil Meine geliebten Priestersöhne, die Ich so sehr liebe, in die Verwirrnis und in die Irre gegangen sind. Wenn sie sich nicht im letzten Augenblick bekehren, so sind alle dem Untergang geweiht. Sie werden dann in die ewige Verdammnis hinabsinken, wo kein Licht des Himmels mehr sein wird – und zwar ewig, Meine geliebten Priestersöhne. Seid ihr euch dessen bewusst? Ich habe euch, als Himmlische Mutter, immer wieder ermahnt: Kehrt um und seid dem Willen des Himmlischen Vaters treu ergeben! – Nein, bis jetzt habt ihr nicht gehorcht.

Meine Kleine leidet für euch und hat diese schwere Entzündung als Sühne angenommen. Sie wird noch viel Leid ertragen müssen, weil es im Plan des Himmlischen Vaters steht. Sie wird weiterhin ‚ja Vater' sagen! „Für Dich erleide ich diese Schmerzen, denn Du leidest am meisten um Deine Priestersöhne, die Du doch alle auserwählt hast und die in den Abgrund hinabsinken werden, was Du kaum ertragen kannst. Sie haben nicht mehr den Rosenkranz in die Hand genommen, der ihnen hätte helfen können." Der Rosenkranz ist die Leiter zum Himmel. Allen Menschen habe ich diesen Rosenkranz in die Hand gegeben. Betet und fleht, dass nicht noch mehr in dieser modernistischen Kirche passiert wie bisher. Der Himmlische Vater wird eingreifen! Ihr steht kurz davor.

Meine geliebten Priestersöhne, warum wacht ihr nicht auf? Warum habt ihr euch diesem Modernismus verschrieben, obwohl ihr wisst, dass er euer Untergang ist? Alles wollt ihr ändern, sogar die 10 Gebote. Die Wiederverheirateten Geschiedenen dürfen das Heilige Sakrament der Eucharistie empfangen. Dies ist eine schwere Sünde. Die Homosexualität ist ganz besonders in Deutschland eingedrungen. Diese schwere Sünde kann der Himmlische Vater nicht mit anschauen.

Ich, die reinste Mutter, erleide große Qualen im Himmel für euch, Meine geliebten Priestersöhne, die ihr diese schwere Sünde begeht und doch nicht umkehrt, obwohl Ich euch so oft ermahnt habe, obwohl der Himmlische Vater nie aufgehört hat, euch zu bitten, endlich umzukehren. Ihr glaubt und vertraut Ihm nicht, dass Er euch verzeihen kann, wenn ihr endlich diesen Strohhalm im letzten Augenblick ergreift, den Rosenkranz zur

Pfr. Lodzig am Rosenkranzfest.

Hand nehmt, euch Meinem Unbefleckten Herzen weiht und eine reuige Beichte ablegt. So werdet ihr gerettet und könnt umkehren und endlich den wahren Katholischen Glauben künden und die wahre Heilige Opfermesse im Tridentinischen Ritus nach Pius V. feiern. Dann erst seid ihr für immer gerettet. Ich weine um eure Seelen, ganz besonders am heutigen Tag zu Ehren des Heiligen Rosenkranzes, den Ich euch zur Hand gegeben habe, und der euch retten soll wie auch damals in der Schlacht zu Lepanto 1571.

So sieht es auch heute aus, Meine geliebten Priestersöhne. Kehrt um! Ich leide große Qualen um euch, wie auch Meine Kleine, denn auch sie will euch retten und ihr Sühneleiden für euch aufopfern.

Ich erbitte euch viele Gnaden an diesem, Meinem besonderen Ehrentag und segne euch mit allen Engeln in der Dreieinigkeit, im Namen des Vaters und des Sohnes und des Heiligen Geistes. Amen.

Bleibt Mir treu, Meine Geliebten und betet weiterhin fleißig den Rosenkranz für alle, die bis heute nicht umkehrwillig sind. Amen.

11. Oktober 2015 – Fest der Mutterschaft Mariens. Die Gottesmutter spricht nach der Heiligen Tridentinischen Opfermesse nach Pius V. im Krankenzimmer im Haus der Glorie in Mellatz durch Ihr Werkzeug und Tochter Anne.

Anne: Im Namen des Vaters und des Sohnes und des Heiligen Geistes. Amen. Am Fest der Mutterschaft Mariens habt ihr die Heilige Opfermesse in aller Ehrfurcht gefeiert; dies sagt uns die Gottesmutter. Der Marienaltar war heute reich geschmückt. In den Blumen funkelten Perlen und Diamanten. Die Gottesmutter war in gleißendes goldenes und silbernes Licht getaucht. Ein Kranz von dichten zahllosen, Gnadenstrahlen hat Sie umgeben. Das Jesuskind huldigte der Gottesmutter. Auch der Kreuzweg war hell erleuchtet. Der gesamte Opferaltar war während der Heiligen Opfermesse in goldenes Licht getaucht.

Der Heilige Erzengel Michael hat alles Böse von uns ferngehalten. Die Engel sangen das Gloria, Kyrie, Sanctus und Agnus Dei. Dies habe ich alles schauen dürfen.

In diesem Augenblick spricht die Gottesmutter, die Unbefleckt Empfangene Mutter und Königin vom Sieg: Ich, eure liebste Mutter, spreche heute, an Meinem Fest der Mutterschaft Mariens, zu euch, Meine geliebte kleine Schar, Meine geliebte Gefolgschaft und auch ihr Gläubigen und Pilger von nah und fern.

Ja, Meine geliebte kleine Schar, man will mir diese Mutterschaft absprechen. Man will Mich wieder Maria nennen. Maria ist irgendeine Maria in der Welt, aber ich bin die Mutter. Euch wurde Ich als Mutter unter dem Kreuz von Meinem Sohn Jesus Christus geschenkt. Ich bin auch die Mutter der Dreieinigkeit, des Vaters, des Sohnes und des Heiligen Geistes und auch gleichzeitig die Braut des Heiligen Geistes, die euch den Heiligen Geist senden darf. Ich bin von Meinem Sohn Jesus Christus zur Miterlöserin ernannt worden aber man will Mir die Miterlösung durch diese ungeeigneten Priestersöhne absprechen.

Sie liegen in der völligen Unwahrheit und Verwirrnis. Sie gehen der Modernistik nach und feiern die Mahlgemeinschaft in den modernistischen Kirchen. Mein Sohn Jesus Christus ist seit langem aus diesen Tabernakeln hinausgegangen, weil Er die Verunehrung durch diese Priestersöhne nicht ertragen konnte, und weil nun auch der Böse in diesen modernistischen Kirchen Einzug gehalten hat.

Meine geliebten Gläubigen, geht aus diesen Kirchen hinaus, denn recht bald wird Mein Sohn Jesus Christus mit Mir, Seiner liebsten Mutter, am Himmel erscheinen. In der ganzen Welt werden wir sichtbar sein. Dieses Ereignis steht vor eurer Tür.

Seid wachsam und achtet auf die Angriffe des bösen Feindes. Er will euch in dieser letzten Zeit bedrängen, dass ihr Mich, als Mutter, nicht anerkennt, dass ihr Mir nicht glaubt, dass ihr euch von Mir nicht formen lasst. Die Himmlische Mutter hat die größte Macht, viel mehr Macht, als die irdische Mutter, und darum wendet euch alle an Meine Mutterschaft, dass Ich euch Mutter sein darf in jeder Lage. Ich trage euer Kreuz mit, wenn es euch zu schwer wird. Ihr steht mit Mir, eurer liebsten Mutter, unter dem Kreuz. Haltet dann Meine Hand, wenn es euch zu schwer wird. Kommt zu Mir, denn Ich bringe euch zum Vater. Ich bitte Ihn Tag und Nacht in euren Anliegen.

Meine Marienkinder werden es alle schwer haben in dieser letzten Zeit. Doch Ich nehme sie unter Meinen Schutzmantel und berge sie liebevoll. Niemand von Meinen Marienkindern wird verloren gehen. Das garantiere Ich euch. All eure Verwandten nehme ich auch unter Meinen Schutzmantel, besonders eure Kinder, nach denen ihr euch sehr sehnt, die aber noch in der Modernistik liegen. Ihr müsst euch von ihnen in dieser Zeit trennen, wenn sie sich nicht zum wahren Glauben bekennen wollen. Dann gebt sie Mir an die Hand. Ich werde beim Himmlischen Vater für eure Kinder Fürbitte einlegen. Seid nicht traurig, dass ihr eine Zeitlang von ihnen getrennt werdet.

Ihr, Meine geliebte kleine Schar und Gefolgschaft, geht den allerschwersten Weg nach Golgotha, den Kalvarienberg hinauf. Ihr werdet es nur dann schaffen, wenn ihr mit Mir geht. Haltet euch fest an Mir. Ich will euch Billionen Engel senden, die euch in dieser Zeit des Kreuzes in jeder Lage helfen werden. Auch eure Schutzengel, von denen habt ihr mehrere, werden euch beschützen und auch der Heilige Erzengel Michael. Wenn ihr Trost benötigt, so ruft besonders den Heiligen Erzengel Letichiel herab. Auch er wird euch trösten in euren Drangsalen, die auf euch zukommen werden.

Leider, Meine geliebten Kinder, erkennt man Mich in Meiner Mutterschaft in der modernistischen Kirche, im Protestantismus und auch im Ökumenismus nicht an. Man sagt, ihr seid eine Sekte. Nein! Sie befinden sich in einer Sekte. Ihr wisst, wie der Böse lügt. Und diese Lüge geht in die Welt hinaus.

Zur Bischofssynode möchte Ich euch sagen, alles wird dort manipuliert. Nichts liegt in der Wahrheit. Diese Gesetze, die dort verabschiedet wurden, sind zu Unrecht vom falschen Propheten unterzeichnet worden, denn sie beinhalten nur das Böse. Man will die Familie zerstören, man will die Kinder weiterhin im Mutterleib töten und man wird auch die Homoehe anerkennen. Das ist grausam für Mich, ganz grausam, Meine geliebte kleine Schar, Meine geliebte Gefolgschaft. Ihr könnt euch die Grausamkeit, die Mein Herz empfindet, nicht vorstellen.

Ich bin die Reinheit, die Allerreinste der Reinen und diese Reinheit möchte Ich Meinen Priestersöhnen schenken aber sie nehmen diese goldenen Gnadenstrahlen, die Ich heute gesandt habe, leider nicht an. Ich, als Himmlische Mutter, leide ganz besonders darunter. Ich möchte ihnen alles schenken, doch sie weihen sich nicht Meinem Unbefleckten Herzen. Das ist dringendst erforderlich, damit sie geschützt sind, damit sie umkehren können, damit sie nicht in den ewigen Abgrund hinabsinken, weil sie bereits am Abgrund stehen. In Deutschland sieht es natürlich viel schlimmer aus als in anderen Ländern. Darum hat auch Deutschland die Sendung verloren. Der Himmlische Vater wird sie einem anderen Volk schenken.

Glaubt daran und betet für euer Vaterland, damit der Eingriff des Himmlischen Vaters, der auf alle zukommen wird, nicht zu stark ausfällt, denn Sein Zorn ist unermesslich groß. Seid bereit, alles zu ertragen und für die anderen zu beten, zu opfern und zu sühnen. Er hat die Priester sich selbst überlassen, und das ist nicht gut. Sie sollten sich nach den 10 Geboten richten, die man auflösen will. Ja, man will sie an die Seite stellen, die Ich all Meinen Kindern als Lebenshilfe gegeben habe. Sie glauben nicht mehr daran. Sie beten nicht mehr den Rosenkranz, der die Leiter zum Himmel ist.

Täglich betet ihr, Meine geliebte kleine Schar und ihr, Meine Gefolgschaft, viele Rosenkränze. Dafür danke Ich euch. Ich liebe euch ganz besonders heute, an Meinem Ehrentag, der Mutterschaft Mariens. Ich schließe euch wieder in Meine Arme, denn ihr seid Meine Lieblinge geworden, weil ihr viel zu ertragen habt, sehr viel Leid. Du, Meine Kleine, hast heute äußerst große Schmerzen ertragen müssen, weil die Priester sich leider spalten werden. Recht bald wird das geschehen. Einige werden sich absondern von dieser modernistischen Kirche, weil sie die Erkenntnis bekommen und zum Heiligen Bußsakrament eilen, damit diese Sündenlast von ihrem Herzen genommen wird. Das ist sehr viel, was ihr, Meine geliebte kleine Schar und Gefolgschaft, eropfert und gesühnt habt. Dafür danke Ich euch.

Auch morgen wird eine Einsprechung sein, denn es ist die Sühnenacht in Heroldsbach. Ihr dürft leider dort nicht erscheinen, weil ihr das Verbot von diesem Direktor bekommen habt, aber ihr wacht und sühnt in der Hauskapelle in Mellatz, soweit es euch möglich ist, soweit es auch dir möglich ist, Meine geliebte Kleine und wie du es mit deinen Schmerzen erträgst. Aber bedenke, dass Ich dein Kreuz mittrage und hochhebe, wenn es dir zu schwer wird. Deine Mutter vergisst dich nicht. Ich weiß um deine Schmerzen, doch ertrage sie heute, weil die Priester leider dieses große Fest nicht feiern und nicht daran glauben und Mich weiterhin Maria nennen. Maria ist irgendeine Frau in der Welt.

Ich war vorher Maria und habe als Maria den Gruß des Engels empfangen. Danach wurde Ich vom Heiligen Geist überschattet und Jesus nahm in Meinem Schoß den Platz ein. Ich wurde zur Mutter Meines Sohnes Jesus Christus, Ich wurde zur Gottesgebärerin in Bethlehem. Dort wurde Mein Sohn in einer ärmlichen Krippe in einem Stall geboren. Er wurde von den Seinen nicht aufgenommen. Nein, man hat ihn überall abgelehnt und Ihm keine Herberge gewährt, damit Ich, als Seine Mutter, Ihn in einem Stall zur Welt bringe. Ich habe es tun müssen, weil alle Türen für Meinen Sohn verschlossen waren. Darum haben die Priester auch ihre Herzenstüren verschlossen. Ich darf ihnen nicht helfen. Das ist bitter. Mein Sohn und Ich muss viele hinabsinken sehen in den ewigen Abgrund.

Glaubt daran, Meine geliebte kleine Schar und Gefolgschaft, dass es sehr schwer und bitter für Mich als Himmlische Mutter, als Gottesgebärerin, ist. Ihr tröstet Mich immer wieder. Und dafür bin Ich euch dankbar, denn ihr glaubt an alles. Ihr glaubt an diese Botschaften des Himmlischen Vaters ganz und gar und befolgt sie in jeder Weise. Danke für eure Hilfe. Ihr seid Meine geliebten Marien- und Vaterkinder. Ich freue Mich über eure Sühne, eure Liebe zum Himmlischen Vater in der Dreieinigkeit und Ich danke euch, dass ihr euch Mir, der Himmlischen Mutter, geweiht habt, und dass du ja gesagt hast, Meine geliebte Kleine, zum Spielball des Himmlischen Vaters zu werden. Er kann dir deine Krankheiten heute nehmen und morgen geben. Wenn es zu schwer wird, kannst du Mich anrufen. Ich werde dir die Engel senden, aber nehme dein Leid und dein Kreuz auf dich, damit noch viele Priester gerettet werden können, die am Abgrund stehen. Es sind sehr viele, fast unzählbar. Von Deutschland stehen die Meisten am Abgrund. Ihr betet für euer Vaterland. Das ist euch sehr wichtig.

Du, Meine Kleine, wirst weiterhin die Botschaften erhalten, bis der Himmlische Vater eingreift, weil du als einzige Botin die Weltensendung hast und die größten Weltenleiden als Liebesleiden ertragen musst. Denke daran, dass der Himmlische Vater dich dann besonders liebt.

Seid bereit für diesen letzten Schritt in der letzten Zeit. Habt Geduld! Wann sich alles ereignen wird, wirst du, Meine Kleine, zwei, drei Tage vorher als einzige Botin empfangen, weil du dann auch noch ein großes Leiden bekommst, wie auch du, Meine kleine Sühneseele Monika. Habt keine Angst vor diesen Leiden, denn sie sind Liebesleiden. Ihr seid geschützt in jeder Lage, an jedem Tag und auch an dem großen Ereignis, das bald kommen wird. Die Priester werden unter das Dozulé-Kreuz flüchten und zum Rasenkreuz in Meggen oder Eisenberg gehen. Dort werden noch viele Seelen gerettet, die dann ihr Kreuz auf sich nehmen können.

Ich liebe alle! Ich gehe zu Meinem Sohn und bitte Ihn, Er möge sie doch so weit in ihrem Herzen berühren, dass sie anfangen können, zu glauben, dass sie die wahre Heilige Opfermesse erkennen, dass sie diese Modernistik ablehnen, weil die Handkommunion ein ganz großes Übel ist, eine sehr große Sünde und auch die Mahlgemeinschaft am Volksaltar. Diese Volksaltäre wird der Himmlische Vater zertrümmern und auch die Moscheen.

Der Islam ist eine teuflische Religion. Bedenkt, dass der Stellvertreter Christi diese Moscheen betreten hat. Das ist schwere Sünde. Das muss gesühnt werden, denn ihr habt die Bibel, ihr habt die Heilige Schrift. Niemals hätte der Koran geküsst werden dürfen, da er ein Teufelswerk ist. Doch der Islam wird weiterhin bekämpft – jetzt von Russland aus. Ich danke dem russischen Volk schon heute, dass es mit Meinem Sohn Jesus Christus mit der Siegesfahne kämpfen will. Ich habe diese Botschafterin erwählt, die vorangehen wird. Sie werden sich bekreuzigen und in diesen Krieg ziehen.

Ich möchte euch alle aufklären, Meine Geliebten, was jetzt geschieht. Ihr habt es im Internet erfahren, und dies ist die volle Wahrheit. Die Politik und die heutige Kirche haben völlig versagt. Meine Priester liegen in der Unwahrheit und in der Verwirrnis. Die Homoehe soll dazu noch legalisiert und die Wiederverheirateten Geschiedenen zur Kommunion zugelassen werden.

Ich danke euch, dass ihr bisher alles befolgt, und euch weiterhin entschieden habt, diesen schwersten Weg nach Golgotha zu gehen. Liebe über

Liebe, Treue über Treue, das ist euer Ziel. Ich segne euch nun in der Dreieinigkeit mit allen Engeln und Heiligen, besonders auch mit Meinem liebsten Bräutigam, dem Heiligen Josef, im Namen des Vaters und des Sohnes und des Heiligen Geistes. Amen.

Ihr seid geliebt von eurer Himmlischen Mutter. Ich begleite und führe euch. Amen.

12. Oktober 2015 – Die Gottesmutter spricht in der Sühnenacht nach der Heiligen Tridentinischen Opfermesse nach Pius V. in der Hauskapelle im Haus der Glorie in Mellatz durch Ihr Werkzeug und Tochter Anne.

Anne: Im Namen des Vaters und des Sohnes und des Heiligen Geistes. Amen. Ihr habt die Sühnenacht mit der Heiligen Opfermesse begonnen. Der Marienaltar war mit Rosen geschmückt und wieder in goldenes und silbernes gleißendes Licht getaucht sowie auch der Opferaltar. Die Rosenkönigin von Heroldsbach segnete uns während der Heiligen Opfermesse. Sie freute sich, dass wir heute die Sühnenacht in der Hauskapelle in Mellatz mitfeiern. Die Herz-Jesu-Statue war während der Heiligen Opfermesse hell erleuchtet.

Die Gottesmutter wird sprechen: Ich, eure Himmlische Mutter, spreche jetzt und in diesem Augenblick durch Mein williges, gehorsames und demütiges Werkzeug und Tochter Anne, die ganz im Willen des Himmlischen Vaters liegt und heute die Worte wiederholt, die aus Mir kommen.

Meine geliebte kleine Schar, Meine geliebte Gefolgschaft, Meine geliebten Pilger von nah und fern, die ihr nach Heroldsbach geeilt seid, bei euch bedanke ich Mich für all eure Mühe, die ihr Mir geschenkt habt. Nichts ist euch zu viel geworden. Ihr kommt zu diesem Ort, um den Segen und die Gnaden, die ihr hier empfangt, weiterzutragen.

An jedem 13. feiert ihr in der Mulde eine Tridentinische Heilige Opfermesse. Das ist euch erlaubt. Niemand kann euch von diesem Ort wegbringen, weil Ich es so wünsche. Der Himmlische Vater hat Seinen bestimmten Plan mit euch. Ihr, Meine kleine Schar, müsst noch zu Hause bleiben und in der Hauskapelle in Mellatz diese Sühnenacht begehen. Alles entspricht der Ordnung, so, wie Ich und der Himmlische Vater es wünschen. Diese Heilige Opfermesse in der Mulde bringt viel Segen, denn sie ist mit der Opfermesse in Mellatz und Göttingen verbunden. Auch Göttingen ist ein Ort der Gnade und des Segens, denn dort befindet sich die Hauskirche.

Meine Kleinen werden am nächsten Sonntag, bzw. am 20. Oktober wieder an ihrem Heimatort erscheinen und das Opfermahl in der Hauskirche in Göttingen feiern dürfen. Sie freuen sich sehr darauf, denn zwei Jahre haben sie ihren Heimatort nicht gesehen. Du, Meine Kleine, warst schwer erkrankt und hattest viele Krankheiten durchzustehen. Noch immer hast du ein Sühneleiden. Das darf noch nicht aufhören, Meine Kleine, weil die Synode nicht beendet ist. Ihr wisst, was dort geschieht – viel Unheil. Alles wird manipuliert und entspricht nicht der Wahrheit, sondern der Lüge. Die Freimaurer haben freien Einlass, und sie bestimmen. Einige Kardinäle und Priester haben sich von dieser Lüge abgewandt. Es wird eine Spaltung stattfinden, Meine Kinder, so wie es der Himmlische Vater vorgesehen hat. Habt keine Angst!

Ihr bleibt zunächst an eurem Heimatort. Aber wenn Ich es wünsche, fahrt ihr wieder zurück ins Schwabenland nach Mellatz bzw. in das Haus der Glorie, in das Haus des Vaters. Dort wird sich alles nach dem Plan des Himmlischen Vaters gestalten, denn in Wigratzbad ist ein völliges Chaos eingekehrt. Noch ist die Zeit nicht gekommen, dass der Himmlische Vater Seinen Zornesarm über Wigratzbad erheben wird. Dort ist so viel Unheil angerichtet worden, dass Mein Sohn mit Mir, der Himmlischen Mutter, noch nicht erscheinen kann. Man hat diesen Ort Wigratzbad bzw. die Sühnekirche so freimaurerisch umgestaltet, dass sie nicht mehr zu erkennen ist wie sie die liebe Antonie nächtelang erbeten hat. Alles hat man zerstört. Das ist sehr traurig.

Der Leiter dieser Gebetsstätte hat dazu beigetragen, dass ihr diesen Ort nicht mehr betreten dürft. Ihr dürft nicht einmal in der Krypta beten, Meine geliebten Kleinen, die so viele Erinnerungen für euch birgt. Viele Jahre habt ihr dort das Heilige Opfermahl im Tridentinischen Ritus nach Pius V. mitfeiern dürfen. Nun hat man euch durch die Polizei aus dieser Krypta hinausgewiesen, und ihr wurdet polizeilich verfolgt. Die Staatsanwaltschaft hat euch zudem einen Geldbetrag auferlegt. Zahlt ihn, ohne euch darum zu kümmern, wie hoch er ist. Wichtig ist, dass ihr alles nach dem Plan des Himmlischen Vaters erfüllt. Ihr seid die Verfolgten. So muss es sein! Anerkannt dürft ihr nicht werden, dann würdet ihr nicht in der Wahrheit liegen, denn ihr folgt Jesus Christus nach und tragt euer schweres Kreuz.

Ich, als Miterlöserin, werde Meine Kinder unter Meinen Mantel scharen und sie bergen. Ich liebe alle Meine Marienkinder sehr, die diesen schwersten Weg der Verfolgung bis zum Berge Golgotha hinaufsteigen, ohne sich darum zu kümmern, was ihnen geschieht und wie man mit ihnen verfährt. Im Gegenteil, bedankt euch für euer Leid, dass ihr ertragen dürft, denn der Heiland hat alles für euch erlitten. Nichts war Ihm zu viel, denn eure Sünden hat Er gesühnt. Ihr alle seid nicht vollkommen. Nehmt euch so an, wie ihr seid und beklagt euch nicht über eure eigenen Schwächen.

Seid wachsam, denn überall möchte euch der Böse vom Guten abbringen, denn im anderen kann der Böse schlummern. Der Böse ist so gewaltig geworden, dass ihr es nicht erfassen könnt. In der gesamten modernistischen Kirche ist der Böse so mächtig eingekehrt, dass Ich alle Gläubigen bitten möchte: Geht aus diesen Kirchen hinaus – flieht!, denn die Homosexualität wird immer mehr eindringen, und ihr könnt dies dort nicht mehr ertragen.

Wie sehr liebe Ich euch und möchte euch alle zum Himmlischen Vater führen. Weiht euch Meinem Unbefleckten Herzen, damit ihr den Schutz im vollen Maße habt. Kehrt vor allen Dingen um und feiert die Heilige Opfermesse nach der DVD, die ihr euch jederzeit besorgen könnt (Tel. 0551/3054480). Das ist so wichtig! Diese Heilige Opfermesse birgt die vollen Gnaden, und sie können über euch und eure Familien ausgeschüttet werden und auch über viele andere Menschen.

In dieser Sühnenacht, die ihr nun gleich begeht, werden viele Priester durch euer Gebet, eure Sühne und euer Opfer gerettet werden. Sie werden euch dafür dankbar sein, denn Ich, als ihre Mutter, werde in dieser Nacht in ihre Herzen einkehren und sie berühren dürfen. Es ist eine Heilige Nacht, denn ihr seid verbunden mit Heroldsbach. Ihr seid eins geworden.

Ich liebe euch, weil ihr euch immer wieder bereit erklärt, den schwersten Weg der Sühne durchzuhalten, zu beten und zu opfern. Auch wenn es euch schwerfällt, so bleibt ihr in der Hauskapelle und betet.

Ich liebe euch von ganzem Herzen und segne euch in der Dreieinigkeit mit allen Engeln und Heiligen, im Namen des Vaters und des Sohnes und des Heiligen Geistes. Amen.

Bleibt dem Himmel treu und freut euch auf die kommende Zeit, auf die Neue Kirche in der Glorie. Amen.

13. Oktober 2015 – Die Gottesmutter spricht am Fatima- und Rosa-Mystica-Tag nach der Heiligen Tridentinischen Opfermesse nach Pius V.

in der Hauskapelle im Haus der Glorie in Mellatz durch Ihr Werkzeug und Tochter Anne.

Anne: Im Namen des Vaters und des Sohnes und des Heiligen Geistes. Amen. Der Marienaltar und der Opferaltar waren während der Heiligen Opfermesse in goldenes Licht getaucht. Die Gottesmutter war ganz in weiß gekleidet. Die Rosen waren mit glitzernden Perlen und Diamanten geschmückt sowie auch der Rosenstrauß vor der Herz-Jesu-Statue. Beide Herzen wurden während der Heiligen Opfermesse miteinander verbunden. Sie waren mit Dornen umwunden.

Die Rosenkönigin von Heroldsbach und die Unbefleckt Empfange Mutter vom Sieg werden heute sprechen: Ich, eure Himmlische Mutter, spreche jetzt und in diesem Augenblick durch Mein williges, gehorsames und demütiges Werkzeug und Tochter Anne, die ganz im Willen des Himmlischen Vaters liegt und nur Worte wiederholt, die heute aus Mir kommen.

Meine geliebte kleine Schar, Meine geliebte Gefolgschaft, Meine geliebten Pilger von Heroldsbach, Wigratzbad und alle Meine Gläubigen, die an diese Botschaften glauben, Ich liebe euch alle sehr. Ich möchte euch vor dem kommenden Unglück, das auf alle zukommen wird, bewahren. Die Krise in dieser Katholischen Kirche ist nicht mehr aufzuhalten. Der Böse hat im vollen Umfang mit der Homosexualität Einzug gehalten. Wie oft, Meine geliebten Kinder, habe Ich euch gewarnt: Bleibt aus diesen modernistischen Kirchen heraus und geht in eure Häuser, geht in Hauskapellen und feiert dort das Heilige Tridentinische Opfermahl nach Pius V. Dann seid ihr geschützt und habt täglich eine gültige Heilige Opfermesse nach der DVD. Diese könnt ihr euch besorgen (0551/3054480).

Die Zeit ist gekommen, Meine geliebten Kinder, da der Himmlische Vater Seinen Zornesarm hat sinken lassen und eingreifen wird. Sehr schwer fällt es Ihm, dass viele Priester auch heute noch nicht bereit sind, diesen schwersten Weg der Sühne einzuschlagen für diese modernistischen Vergehen, die die Priester selbst veranlasst haben, denn nach dem II. Vatikanischen Konzil wurde so viel verändert, so dass man auch das Allerheiligste mit ungeweihten Händen austeilt. Das war ein sehr großes Vergehen und man tut es auch heute noch, denn man hält die Laien an, dies zu tun. Und doch bleibt es nur den geweihten Händen der Priester überlassen, dieses Allerheiligste in der Mundkommunion den Gläubigen auf die Zunge zu legen. Nichts anderes entspricht der Gnadenfülle. Wie sehr schmerzt es

Meinen Sohn, wenn Meine Priestersöhne Ihm nicht gehorchen und dieser Heiligkeit nicht nachstreben.

Sie sind dem Untergang geweiht, wenn sie sich nicht ändern wollen. Es liegt wirklich an ihrem eigenen Willen. Ich, als Himmlische Mutter, durfte oft ihre Herzen berühren und wollte sie an Mein glühendes, liebendes, Unbeflecktes Herz ziehen. Sie sollten sich diesem Unbefleckten Herzen weihen, um ganz und gar den Schutz des Himmels zu erfahren. Noch immer sind sie nicht bereit dazu. Halsstarrig sind sie geworden und glauben nicht daran, dass der Himmlische Vater in Seiner großen Allgewalt und Allmacht eingreifen wird. Es ist sehr traurig für Ihn, dass diese Sühnenacht, die ihr für Meine Priestersöhne aufgeopfert habt, so wenig Erfolg gebracht hat. Viele Priester wurden in ihren Herzen angerührt, doch sie denken an ihre eigene Macht, an ihr eigenes Wohlergehen und begehen weiterhin die schwerste Sünde der Unreinheit, die Mir, eurer reinsten, liebsten Mutter sehr weh tut.

Die Reinheit ist bei den Priestern gefragt. Nur dann lässt sich Jesus Christus in diesen reinen geweihten Händen verwandeln. Anders ist es nicht möglich. Jesus Christus selbst kommt mit Gottheit und Menschheit in eure Herzen und möchte euch berühren, möchte bei euch sein, möchte euch allen Seine Liebe schenken, die Er nur für euch aufbewahrt hat. Er liebt euch so sehr und möchte euch umarmen in Seiner übergroßen Liebe. Sie ist unermesslich groß, so dass ihr es nicht fassen könnt. Cherubim und Seraphim fallen während der Heiligen Wandlung vor Ihm nieder. Es ist ein heiliger Augenblick, den ihr niemals in diesem Geheimnis erfassen könnt. Und doch ist er so groß. Fallt nieder vor Ihm, denn Er möchte euch berühren und lieben. Sein liebendes Herz möchte Er mit euch verbinden.

Meine geliebten Marienkinder, Meine Vaterkinder, macht dem Vater eine große Freude. Bleibt bei Ihm, opfert Ihm alles auf und sühnt für diese modernistische Kirche, damit ihr bald in einer glorreichen Kirche das Heilige Opfermahl feiern könnt und dieses Heilige Opfermahl im Tridentinischen Ritus nach Pius V. sich in der ganzen Welt verbreitet.

Der Himmlische Vater spricht: Diese Bischofssynode wird bald zu Ende gehen, Meine Kleine, dann werden deine Schmerzen erträglicher werden. Sühne für das, was dort geschieht, denn es wird eine große Spaltung geben. Ganz nahe steht ihr an diesem Wendepunkt. Habt keine Angst, wenn dies geschieht. Ich werde alles regeln, denn Ich Bin der Allgewaltige

Gott und der Allmächtige. Ich habe die Herrschaft in die Hand genommen. Dieser falsche Prophet wird nicht mehr lange auf dem Papststuhl sitzen, sondern es wird sich alles zum Guten ändern. Harrt aus und glaubt an die Wahrheit, die Ich euch verkünden werde. Achtet auf Meine Informationen und geht diesen nach. Dann seid ihr geschützt. In Meiner Liebe überwache Ich alles. Der Böse wird weiterhin umhergehen, aber Ich schütze euch. Ich gebe euch die Worte ein, die ihr sagen sollt, wenn ihr vom Bösen bedroht werdet. Er wird euch nichts anhaben können, denn Ich sende euch zur rechten Zeit alle Engel.

Eure liebste Mutter lässt euch nie allein. Sie umarmt euch nun in Göttlicher Liebe, Treue und Sanftmut, und segnet euch in der Dreieinigkeit, im Namen des Vaters, des Sohnes und des Heiligen Geistes. Amen.

Bleibt weiterhin dem Himmel treu, denn ihr werdet geliebt von Ewigkeit her. Amen.

18. Oktober 2015 – Einundzwanzigster Sonntag nach Pfingsten. Der Himmlische Vater und Pater Kentenich sprechen nach der Heiligen Tridentinischen Opfermesse nach Pius V. in der Hauskapelle im Haus der Glorie in Mellatz durch ihr Werkzeug und Tochter Anne.

Anne: Im Namen des Vaters und des Sohnes und des Heiligen Geistes. Amen. Heute haben wir das Fest des Heiligen Lukas gefeiert. An diesem großen Festtag war der Opferaltar sowie auch der Marienaltar in gleißendes silbernes und goldenes Licht getaucht. Während der Heiligen Opfermesse bekam ich Lichtzeichen von der Dreimal Wunderbaren Mutter und von Pater Kentenich hier in dieser Hauskapelle in Mellatz. Die Dreimal Wunderbare Mutter, Königin und Siegerin von Schönstatt zeigte sich im vollen Glanz sowie auch die Unbefleckt Empfangene Mutter und Königin vom Sieg von Wigratzbad. Die Christusstatue strahlte im hellen Glanz und die Herzen Jesu und der Gottesmutter wurden während der Heiligen Opfermesse miteinander verbunden. Ihr Strahlenkranz war hell erleuchtet. In diese Hauskapelle in Mellatz war eine heilige Atmosphäre eingekehrt. Die Gnadenstrahlen gingen wieder weit über Mellatz hinaus. Heute wird eine weltbewegende Botschaft folgen.

Der Himmlische Vater spricht: Ich, der Himmlische Vater, wünsche, dass ihr euch diese Einsprechung sehr zu Herzen nehmt, denn Ich spreche heute wieder durch Mein williges, gehorsames und demütiges Werkzeug und Tochter Anne, die ganz in Meinem Willen liegt und nur Worte wiederholt, die vom Himmel kommen. Heute wird Mein geliebter Pater Kentenich vom Himmel aus sprechen, der die Schönstattbewegung am 18. Oktober 1914 gegründet hat. Das ist ein besonderer Tag. Ich habe bereits Meinen geliebten Pater Kentenich im Himmel heiliggesprochen. Heute wird er wegweisende Worte für die gesamte Schönstattbewegung kundtun. Diese Einsprechung wird weltbewegend sein. Sie wird in das Pater-Kentenich-Haus gesandt werden. Eine Kopie geht an Schwester Luciane, eure Mütterschwester. Ihr wurdet von Schönstatt getrennt, weil du, Meine geliebte Kleine, diesen Einzelweg auch für die Schönstattfamilie gehen solltest.

Du hast mit deiner geliebten Katharina diesen Weg beschritten, so wie Ich es wollte, denn ihr habt das vertiefte Liebesbündnis unter dem Motto: „Sei wie Maria lauter und ganz heilige Monstranz, die Christus den Herrn getragen“ geschlossen und seid dadurch in Schönstatt verankert. Du, Meine geliebte Kleine, hast zusätzlich die Josef Engling-Weihe getätigt, und zwar in der Heiligen Nacht 1991 und hast dein Leben für Schönstatt angeboten. Doch der Himmlische Vater hat es nicht angenommen, denn du wurdest in dieser Heiligen Nacht von deinem schweren Bauchspeicheldrüsenleiden geheilt. Am 18. Februar 2005 habt ihr, Meine kleine Schar, den Mariengarten für die gesamte Priester- und Patres-Bewegung und für alle Gliederungen Schönstatts geschlossen.

Du, Mein geliebter Priestersohn, als Seelenführer Meiner geliebten Tochter Anne, hast die Lilie gewählt, du, Meine kleine Katharina die Sonnenblume und du, Meine kleine Anne, das Veilchen. Ihr habt euch in den Mariengarten eingepflanzt. Auch diese Botschaft liegt in Schönstatt vor.

Nun spricht Pater Kentenich: Ich, euer geliebter Pater Kentenich, wünsche, dass ihr weiter diesen Schönstattweg geht. Ich möchte alle von der Schönstattbewegung informieren, dass ich im ‚Himmelwärts‘ Visionen und Einsprechungen gehabt habe. Ich, Pater Kentenich, möchte bekennen, dass ich das Schönstattwerk in Gefahr sah und leider nicht veröffentlicht habe, dass diese Einsprechungen und Visionen zu der Zeit vom Himmel kamen. Ich hatte Kontakt mit Marienfried und mit der Seherin Bärbel Rueß. Mir hat es sehr leid getan, dass ich sie nicht als Seherin in die Schönstattbewegung mit hineingenommen habe. Ich habe es verheimlicht, und es tut mir von Herzen leid.

Doch du, Meine Kleine, bist diesen Weg nun für mich weitergegangen, für mich, euren geliebten Pater Kentenich, der seine kleine Schar, seine Schönstattkinder, nicht allein gelassen hat. Täglich opferst du für Schönstatt, Meine geliebte kleine Anne und betest im ‚Himmelwärts'. Es ist ganz wichtig. Das bringt viele Gnaden für die Schönstattfamilie.

Ich, Pater Kentenich, möchte auf keinen Fall von diesem falschen Propheten Franziskus anerkannt und selig oder heilig gesprochen werden. Im Himmel bin ich das bereits und von dort aus spreche ich, Meine geliebte Schönstattfamilie, die ich gründen durfte. Dankbar bin ich heute, dass du, meine geliebte kleine Anne, diese Sendung Schönstatts auch noch übernommen hast durch deine Sühne, dein Opfer und dein Gebet, durch eine schwere Herzoperation, die du mir geschenkt hast als Opfer für Schönstatt sowie dein Bauchspeicheldrüsenleiden und das Aneurysma. Danach folgte eine schwere Krankheit nach der anderen.

Zwei Jahre hast du nun deinen Heimatort nicht gesehen. Am Dienstag wirst du dann in Göttingen erscheinen mit deiner geliebten kleinen Schar. Ich, Pater Kentenich und auch die Engel werden euch begleiten. Am heutigen Tag fährt die Sühneseele Monika bereits nach Göttingen und wird dort alles für euer Kommen vorbereiten. Alles ist abgesichert und liegt im Plan des Himmlischen Vaters, der nichts vergisst und euch in jeder Lage schützt.

Ja, Meine geliebten Kinder, so sieht es in Schönstatt heute aus. Man hält immer noch die Mahlgemeinschaft zum Volk. Und was wünscht der Himmel? Er wünscht, das Tridentinische Heilige Opfermahl nach Pius V., das 1570 kanonisiert worden ist und nicht nach 1962, denn es darf nicht verändert werden. Der Himmlische Vater wünscht, dass die Heilige Kommunion nur von den Priestersöhnen, kniend und als Mundkommunion, ausgeteilt werden darf. Das geschieht bisher nicht in Schönstatt. Außerdem wünscht der Himmlische Vater, dass die Kirche so wird, wie man sie in Schönstatt gegliedert hat. Die Gliederungen wurden mir vom Himmel geoffenbart. Schönstatt soll seine Sendung nicht verlieren, obwohl Deutschland sie verloren hat.

Ja, meine geliebte kleine Schar, so sieht es aus. Die Dreimal Wunderbare Mutter Königin und Siegerin von Schönstatt wird den Sieg erringen sowie auch die Unbefleckt Empfangene Mutter und Königin vom Sieg von Wigratzbad. Dort wird das große Ereignis stattfinden. Dies geht auch von

Mellatz aus, weil ihr, Meine Geliebten, die Sendung für Wigratzbad zusätzlich übernommen habt. Warum? Weil dieser Direktor euch polizeilich und staatsanwältisch verfolgt hat. Darum geht diese Sendung von Wigratzbad auch an euch über. Habt keine Angst vor der Zukunft, denn alles wird durch den Plan des Himmlischen Vaters geregelt. Ich, euer geliebter Pater Kentenich, verabschiede mich heute mit diesen Worten von euch und segne euch. Segnend halte ich weiterhin meine Hand über euch.

Und nun wird der Himmlische Vater noch einige wegweisende Worte sprechen: Geliebte kleine Schar, geliebte Gefolgschaft, geliebte Pilger von nah und fern, geliebte Gläubige, die an diese wegweisende Botschaft glauben, Ich wünsche von euch allen, dass ihr euch von dieser modernistischen Kirche nun endgültig trennt. Heute ist die letzte Ermahnung für euch alle. Bleibt aus diesen modernistischen Kirchen heraus, denn der Böse hat Einzug gehalten durch die Homosexualität. Dieser falsche Prophet Franziskus hat sich von den Freimaurern leiten lassen. Er hat die 10 Gebote verändert. Er hat die Homoehe legalisiert, er hat zusätzlich das Gesetz verabschiedet, dass die Wiederverheirateten Geschiedenen zur Kommunion zugelassen werden. Viele Liberale stehen auf seiner Seite, doch es hat sich ein Gegenstrom gebildet und die Kirche wird sich spalten durch ein Schisma. Dieses Schisma wird wegweisend sein für alle, die bereit sind, das Heilige Opfermahl im Tridentinischen Ritus nach Pius V. in Zukunft zu feiern, denn die ganze Welt wird aufhorchen vor dieser weltbewegenden Einsprechung.

Darauf hinweisen möchte Ich euch weiterhin, dass eure liebste Mutter euch in der kommenden Drangsal beschützt, denn es wird auf Deutschland eine große Hungersnot zukommen. Zusätzlich wird recht bald die Seelenschau stattfinden. Die Menschen werden ihre Sünden abrollen sehen. Nochmals sind sie aufgefordert, von Herzen alles zu bereuen. Das Dozulé-Kreuz wird am gesamten Firmament erscheinen. Das Rasenkreuz in Meggen und das Rasenkreuz in Eisenberg werden sichtbar sein. Viele können dort noch ihre Sünden von Herzen bereuen und sie bei einem guten heiligmäßigen Priester beichten.

Ich, der Himmlische Vater, spreche noch einmal zu euch, Meine geliebte Schönstattbewegung, weil ihr die neuesten Informationen von eurem Himmlischen Vater erhalten sollt, um geschützt zu sein für die kommende Zeit, denn bisher seid ihr nicht im vollen Schutz, weil ihr immer noch die

Mahlgemeinschaft am Mahltisch mit der Handkommunion praktiziert. Ich, der Himmlische Vater, wünsche durch Mein kleines Werkzeug Anne, dass ihr die neuesten Informationen erhaltet und erfahrt, denn recht bald wird der Himmel in voller Gewalt, in der Allgewalt und Allmacht eingreifen. Euch möchte Ich schützen.

Ich, der Himmlische Vater, habe Pater Kentenich auf den Plan gerufen, damit ihr diese Informationen, noch bevor der Eingriff des Himmels stattfindet, erhaltet. Der Eingriff wird mit einem gewaltigen Donnerbrausen und mit einem gewaltigen Sturm seinen Anfang nehmen. Blitze werden durch das Firmament jagen, Blitze, die nicht zu erklären sind. Danach wird an vielen Orten ein gewaltiges Erdbeben entstehen. Manche Orte werden vollkommen verschüttet werden und nicht mehr sein. Es wird viele Märtyrer geben, die ihr Leben einsetzen. Russland wird sich bekehren. Russland wird zudem die moslemischen Terrororganisationen bekämpfen, denn sie sind mit besten Waffen ausgerüstet und werden mit der Siegesfahne Jesu Christi in den Krieg ziehen. Ich, der Himmlische Vater, werde über alles wachen und alles beobachten und lenken. Wichtig ist, dass ihr auf diese Meine Informationen achtet und an sie glaubt, denn Ich, der Himmlische Vater, habe durch dich, Meine kleine Botin, alles der Welt kundgetan, wie es nach Meinem Himmlischen Plan geschehen wird.

In Wigratzbad wird Jesus, Mein Sohn, mit Seiner Himmlischen Mutter am gesamten Firmament sichtbar erscheinen. Es wird nicht erklärbar sein. Die Menschen werden vor Ehrfurcht niederfallen, denn es ereignet sich etwas ganz Großes. Die Welt wird in Staunen geraten und alle werden vor dem Angesicht Gottes auf der Erde und unter der Erde niederfallen und Ihn anbeten, Ihn, den Dreieinigen Gott, nicht den Gott der Allgemeinheit, sondern den einen Dreifaltigen Gott. Auf der Erde und unter der Erde werden alle Knie sich vor Ihm beugen müssen.

Meine geliebten Kleinen, so sehr liebe Ich euch, dass Ich euch alle einmal in der ewigen Glorie am Hochzeitsmahl im Himmel wiedersehen möchte, weil ihr glaubt, weil ihr vertraut und weil ihr ausgeharrt habt bis zum letzten Augenblick mit allen Krankheiten, mit allen Drangsalen und allen Schwierigkeiten. Willig habt ihr euer Kreuz auf euch genommen. Ihr seid Mir nachgefolgt auf dem Verfolgungsweg und habt keine Ängste gezeigt, sondern ihr habt euch anklagen und vor die Gerichte bringen lassen. Und das rechne Ich euch hoch an. Große Geldbeträge hattet ihr zu leisten, und auch das ist Mein Wunsch gewesen, denn es ist nicht aus Spendengeldern bezahlt worden, sondern von euch persönlich. Ich wünsche, dass man euch nichts nachsagen kann, was nicht Meinem Willen entspricht, sondern was der Wahrheit entspricht.

Glaubt an diese Worte, Meine geliebten Kinder und wendet euch nicht ab von der Wahrheit, sondern eilt der Wahren Katholischen und Apostolischen Kirche entgegen, die vom Haus der Glorie in Mellatz erstehen wird. Dies ist das Haus des Himmlischen Vaters, das Meine kleine Schar bewohnt. Ich habe ihnen alles aufgezeigt. Sie haben dieses Haus nicht von Spenden erworben, sondern aus eigenen Mitteln. Das ist ganz wichtig.

Ich liebe euch alle, Meine geliebte kleine Schar und möchte euch umarmen wie auch eure liebste Mutter, die Dreimal wunderbare Mutter, die Unbefleckt Empfangene Mutter und Königin vom Sieg, die Fatima-Muttergottes, die Rosa Mystika, die Rosenkönigin von Heroldsbach und mit allen Engeln und Heiligen.

Und du, Meine geliebte Monika, wirst heute abreisen. Du bekommst den Reisesegen und wirst von allen Engeln begleitet. Du erwartest Meine kleine Schar am Dienstag.

Und so segnet euch nun im Haus der Glorie in der Hauskapelle in Mellatz mit allen Engeln und Heiligen, mit eurer liebsten Mutter, euer Himmlischer Vater in der Dreieinigkeit, im Namen des Vaters, des Sohnes und des Heiligen Geistes. Amen.

Ihr seid geliebt von Ewigkeit her. Hört auf Meine Worte und befolgt sie. Bleibt dem Himmel treu bis zum letzten Augenblick, auch wenn es euer Leben kosten sollte. Amen.

24. Oktober 2015 – Fest des Heiligen Erzengels Raphael. Der Himmlische Vater spricht nach der Heiligen Tridentinischen Opfermesse nach Pius V. in der Hauskirche in Göttingen durch Sein Werkzeug und Tochter Anne.

Anne: Im Namen des Vaters und des Sohnes und des Heiligen Geistes. Amen. Wir haben heute das Fest des Heiligen Erzengels Raphael mit einer würdigen Heiligen Opfermesse nach Pius V. in der Hauskirche in Göttingen gefeiert. Die Engel zogen wieder ein und aus und verbeugten sich tief vor dem Allerheiligsten. Die Gottesmutter war von vielen Engeln umgeben. Die Erzengel waren größer und mit einem noch festlicherem Gewand bekleidet, das mit goldenen Borten und kleinen Perlen und Diamanten versehen war. Der Heilige Erzengel Michael hat wieder alles Böse von uns ferngehalten.

Der Himmlische Vater wird heute sprechen: Ich, der Himmlische Vater, spreche jetzt und in diesem Augenblick durch Mein williges, gehorsames und demütiges Werkzeug und Tochter Anne, die ganz in Meinem Willen liegt und nur Worte wiederholt, die aus Mir kommen.

Meine geliebte kleine Schar, Meine geliebte Gefolgschaft, Meine geliebten Gläubigen von nah und fern und auch Meine geliebten Pilger von Heroldsbach und Wigratzbad, ihr alle seid in der Wahrheit. Bleibt dem Himmel treu.

Der Böse will euch in dieser allerletzten Phase vom wahren Glauben abbringen, Meine geliebten Kinder. Deswegen seid aufmerksam! Bewahrt die Ruhe und die Gelassenheit. Der Böse kann durch andere sprechen. Aber ihr, Meine geliebten Kinder, werdet die Wahrheit erfahren, denn Ich, der Himmlische Vater, werde euch nicht allein lassen und ganz sicher nicht eure Himmlische Mutter und die Heiligen Erzengel, vor allen Dingen der Heilige Erzengel Raphael. Er ist auch dafür da, euch auf eurer Rückfahrt nach Mellatz in ca. 3 Wochen zu beschützen, damit ihr wieder gut dort ankommt.

Meine geliebte Kleine, heute und morgen hast du noch diese unerträglichen Schmerzen an deinem Arm. Aber morgen ist die Synode in Rom beendet. Dann wirst du es leichter haben. Ein völliges Chaos ist dort ausgebrochen, und man verabschiedet Gesetze, die nicht den 10 Geboten entsprechen. Dieser falsche Prophet wird sich nicht mehr lange auf seinem Thron befinden, denn Ich, der Himmlische Vater, werde dann in Meiner Allgewalt und Allmacht eingreifen. Die Synodenväter haben falsch reagiert. Alle hätten wissen müssen, dass Ich ihnen 10 Gebote als Hilfe gegeben habe, und dass diese der Wahrheit entsprechen. Man kann nicht Gesetze abändern und sie der Willkür überlassen. Natürlich sind die Wiederverheirateten Geschiedenen nicht zur Kommunion zugelassen, denn sie liegen in schwerer Sünde. Und dieses Gesetz wurde verabschiedet so wie auch die Homoehe.

Meine geliebten Kinder, könnt ihr euch vorstellen, wie schwer es für eure Himmlische Mutter ist, dieses mit ansehen zu müssen, was dort in Rom geschieht? Sie ist die Reinste aller Reinen. Sie möchte Mir Ihre Priester in der Heiligkeit zuführen. Leider sind so viele Priester auch heute noch nicht bereit, Meinen Willen zu erfüllen und das Heilige Opfermahl in aller Ehrfurcht zu feiern. Sie sind verirrt, verwirrt und halsstarrig. Wie oft habe Ich sie ermahnt und ihnen gesagt, das Heilige Opfermahl ist nur im Tridentinischen Ritus nach Pius V. gültig, weil es kanonisiert wurde. Leider hat man es 1962 verändert. Das entspricht nicht der Wahrheit.

Ihr, Meine Geliebten, feiert täglich ein Heiliges Opfermahl in dieser Hauskirche in Göttingen solange, bis ihr wieder die Heimreise nach Mellatz antretet. Alles ist Heiligkeit pur. Fallt nieder vor dieser großen Heiligkeit, denn alles ist nach dem Himmlischen Plan geregelt. Achtet immer darauf, dass es nach Meinem Plan geschieht, was ihr hier in Göttingen dringend Erforderliches unternehmt. Lasst euch nicht beirren, wenn jemand etwas abändern will. Dann werdet aufmerksam und werdet stille, denn euer Himmlischer Vater wird euch alles auftun, was ihr benötigt.

Und so wird es auch weitergehen in Heroldsbach und vor allen Dingen in Wigratzbad, Meine geliebte Kleine. Achte auf deine Sendung und achte auf alles, was die Menschen dir mitteilen. Glaube nicht alles, sondern vertraue Mir, dem Himmlischen Vater. Auch ihr, Meine kleine Schar, achtet auf alles hier in Göttingen. Der Böse geht um wie ein brüllender Löwe. Er möchte alle noch verschlingen, besonders die, die ihm gehorchen und in der Modernistik liegen. Hier in Göttingen ist leider die Modernistik gefragt. Sie wird in diesen Kirchen in Göttingen gefeiert, die nicht Meinem Plan entsprechen wie ihr gestern festgestellt habt in der Kirche St. Michael in der Stadt. Man hat alles abgeändert nach dem Freimaurertum. Die Kreuzwege sowie alles Heilige hat man entfernt und ihr könnt euch dort nicht mehr wohlfühlen.

Aber ihr, Meine Geliebten, habt hier in Göttingen und dort in Mellatz eine Hauskirche eingerichtet. Und so könnt ihr immer nach Meinem Plan das Heilige Messopfer täglich feiern. Ihr seid die Bevorzugten. Sagt es weiter, dem, der es wissen möchte. Nehmt von denen Abstand, die sich von der Heiligen Opfermesse im Tridentinischen Ritus abkehren, denn sie liegen nicht in der Wahrheit und möchten euch von der Wahrheit abbringen.

Ich liebe euch und segne euch mit allen Engeln und Heiligen, besonders heute mit dem Heiligen Erzengel Raphael, mit eurer lieben Gottesmutter, im Namen des Vaters und des Sohnes und des Heiligen Geistes. Amen. Bleibt weiterhin dem Himmel treu! Ihr seid die Geliebten des Himmlischen Vaters! Amen.

25. Oktober 2015 – Christkönigsfest. Der Himmlische Vater spricht nach der Heiligen Tridentinischen Opfermesse nach Pius V. in der Hauskirche in Göttingen durch Sein Werkzeug und Tochter Anne.

Anne: Im Namen des Vaters und des Sohnes und des Heiligen Geistes. Amen. Wir haben heute die Heilige Tridentinische Opfermesse zum Christkönigsfest in aller Ehrfurcht gefeiert. Der Blumenschmuck war wieder mit Perlen und Diamanten geschmückt. Die Engel zogen ein und aus. Sie gruppierten sich um den Tabernakel und verneigten sich in tiefer Demut vor dem Allerheiligsten Altarssakrament. Wir haben die Missa de Angelis gesungen und zudem die Litanei gebetet und das Menschengeschlecht dem Heiligsten Herzen Jesu geweiht. Diese Heilige Opfermesse dauerte ca. drei Stunden.

Der Himmlische Vater spricht: Ja, Meine Geliebten, das ist Heiligkeit. Ihr habt diese Heilige Opfermesse im wahren Tridentinischen Ritus nach Pius V. gefeiert. So lag es in Meinem Plan. Alle Priester sollten diesem Beispiel folgen doch sie wollen es nicht. Sie feiern dieses Christkönigsfest erst Ende November. Das entspricht nicht der Wahrheit. Nichts darf verändert werden, Meine geliebten Priestersöhne – nichts – nicht ein Jota. Und was habt ihr getan? Ihr habt nach dem II. Vatikanum eine Volksmesse daraus entstehen lassen, und meint auch heute noch, das müsst ihr tun. Ihr steht am Volksaltar. Ihr sagt den Laien, dass sie die Heilige Kommunion als Handkommunion austeilen sollen. Auf keinen Fall entspricht das der Wahrheit. Es ist ein Sakrileg, Meine geliebten Priestersöhne. Nur in euren Händen darf sich Mein Sohn Jesus Christus verwandeln, aber nur dann, wenn ihr an einem Opferaltar steht – nicht an einem Mahltisch. Ihr glaubt auch heute noch, dass ihr dies tun dürft. Wie schwer sündigt ihr, und ihr wisst es nicht einmal. Ihr lebt im Irrglauben und Unglauben – in der Häresie. Niemand von euch Priestern wagt es, diesen schwersten Weg zu gehen, wie Mein Priestersohn es euch vorlebt.

Seid 11 Jahren bekommt Meine Kleine diese Botschaften und wird begleitet von ihrem Seelenführer Pfarrer Rudolf Lodzig. Einmal möchte Ich seinen Namen bekanntgeben, damit ihr wisst, Meine geliebten Priestersöhne, wem ihr nachfolgen müsst und sollt.

Wie viel Trost, Meine geliebte kleine Schar, Meine geliebte Gefolgschaft, habt ihr Mir, dem Himmlischen Vater, heute erwiesen, denn Ich spreche durch Mein williges, gehorsames und demütiges Werkzeug und

Tochter Anne, die ganz in Meinem Willen liegt und nur Worte wiederholt, die aus Mir kommen. Danke, Meine geliebte kleine Schar, Meine geliebte Gefolgschaft, dass ihr Meinem Ruf gefolgt seid, dass ihr Mir den Trost erweist an diesem Fest, dem Christkönigsfest. Ich Bin der Herrscher des ganzen Weltalls, der König, und Ich werde in Meiner Allgewalt und Allmacht über die Fürstentümer der Welt herrschen. Nichts kann Mich davon abhalten.

Meine geliebte kleine Schar hat dieses Fest würdig gefeiert. Ihr könnt es euch nicht vorstellen wie dankbar Ich euch für diesen Festtag bin. Mit großer Freude hat der ganze Himmel mitgewirkt. Die Engel waren um euch herum. Sie haben mit euch die Missa de Angelis gesungen.

Ja, Meine Geliebten, heute geht die Synode zu Ende. Und was wird herauskommen? Schwere Sünde, nicht nur schwere Sünde, sondern die schwerste Sünde. Alles muss Ich zerstören, was dort geschehen ist. Niemals wird der Himmlische Vater diese Homoehe gelten lassen und auch nicht, dass diese wiederverheirateten Geschiedenen zur Heiligen Kommunion zugelassen werden, wie dieser falsche Prophet es verkündet. Er möchte sogar die 10 Gebote verändern. Und wie sieht es mit der Bibel aus? Man sagt doch im Modernismus: „Wir haben die Bibel. Wir benötigen keine Botschaften von dieser Botin, die die Weltensendung hat, denn es ist ihre eigene Phantasie.“ Könnt ihr das heute noch behaupten, Meine geliebten Priestersöhne, die ihr nicht einmal die Bibel kennt? Im Alten Testament wurden die Propheten bereits umgebracht. Und was würdet ihr heute tun? Ihr verachtet und verfolgt sie.

Sind nicht die Verfolgten Meine Lieblinge? Alle, die dem Kreuz Meines Sohnes nachgehen, müssen diesen Verfolgungsweg beschreiten. Auch Er wurde verfolgt. Deshalb müsst auch ihr diesen Weg gehen, denn nur dann liegt ihr richtig. Das müssten Meine Priestersöhne ganz klar erkennen. Und doch begehen sie diese Sünde weiterhin. Sie verfolgen Meine Boten und sie verachten Meine Kleine, die seit Jahren für euch sühnt, Meine geliebten Priestersöhne, damit ihr nicht in den ewigen Abgrund hinabstürzt. Sie sühnt auch heute an diesem Tag für euch, an dem die Synode zu Ende geht. Unerträgliche Schmerzen hat sie während der Heiligen Opfermesse erdulden müssen. Ich benutze sie als Spielball. Ich kann ihr diese Schmerzen nehmen und auch geben, denn sie hat Mir ihren freien Willen übereignet. Und so erträgt sie auch heute diese Schmerzen für euch.

Kehrt um! Der letzte Augenblick ist gekommen. Ich wünsche doch nicht, dass ihr in den ewigen Abgrund hinabstürzt. Glaubt doch endlich an diese Botschaften, die weltbewegend sind und in die ganze Welt hinaus gesandt werden. Die Gläubigen werden nach diesen Botschaften verlangen. Führt sie nicht weiter in diese Verwirrnis, sondern lest und befolgt diese Botschaften! Ich liebe euch alle und möchte euch retten.

Ich habe heute, an diesem Christkönigsfest, das Meinem Sohn Jesus Christus geschenkt wurde, große Gnaden über die ganze Welt ausgeschüttet, durch diese Weltenweihe, die ihr Mir geschenkt habt. Alles habt ihr getan, Meine Geliebten, um Mir diese Freude zu bereiten, und Mir zum Trost da zu sein. Dafür danke Ich euch nochmals von ganzem Herzen.

Ich liebe euch und segne euch heute in der Dreieinigkeit mit dem ganzen Himmel, mit allen Engeln und Heiligen, im Namen des Vaters und des Sohnes und des Heiligen Geistes. Amen.

Anne: Gelobt und gepriesen sei das Allerheiligste Altarssakrament von nun an bis in Ewigkeit. Amen.

28. Oktober 2015 – Der Himmlische Vater spricht am Fest der Apostelfürsten Simon und Judas Thaddäus nach der Heiligen Tridentinischen Opfermesse nach Pius V. in der Hauskirche in Göttingen durch Sein Werkzeug und Tochter Anne.

Anne: Im Namen des Vaters und des Sohnes und des Heiligen Geistes. Amen. Wir haben heute das Fest der Apostelfürsten gefeiert. Während der Heiligen Opfermesse habe ich die Engel wieder ein und aus ziehen sehen. Ich konnte leider nicht in der Hauskirche sein, weil es mir gesundheitlich sehr schlecht ging.

Aber ich möchte dem Himmlischen Vater danken, dass Er mir die Kraft gegeben hat, wieder neu aufzutanken, wieder neu zu schöpfen aus dieser Heiligen Opfermesse, die doch voller Heiligkeit war. Ich habe diese Gnadenströme entgegen nehmen können. Die gesamte Hauskirche und auch der Flur waren in gleißendes goldenes Licht getaucht. Dieses Licht hat mich immer wieder angestrahlt, um mir Kraft zu geben. Seine Liebe hat mich durchströmt, denn ich dachte, ich schaffe es nicht mehr. Aber dann habe ich gemerkt, die Liebe des Himmlischen Vaters macht alles wieder gut, sie gibt neuen Mut und neue Hoffnung und vor allen Dingen auch neue Kraft – die Göttliche Kraft.

Der Himmlische Vater wird heute sprechen: Ich, der Himmlische Vater, spreche jetzt und in diesem Augenblick durch Mein williges, gehorsames und demütiges Werkzeug und Tochter Anne, die ganz in Meinem Willen liegt und nur Worte wiederholt, die aus Mir kommen.

Geliebte kleine Schar, geliebte Gefolgschaft, geliebte Pilger, geliebte Gläubige von nah und fern, ihr alle geht den Verfolgungsweg, den Weg des Kreuzes, weil Mein Sohn Jesus Christus diesen Weg auch beschritten hat und alle retten möchte, besonders die Priester, die sich bereit erklären, diesen schweren Weg zu gehen und an Meine Botschaften glauben. Alles werde Ich ihnen auftun. Ich bin der liebende Vater. Ich, Jesus Christus, bin zu Meinem Vater gegangen, um euch den Heiligen Geist zu erbitten. Ich bin hinaufgestiegen zu Ihm nach Meinem Kreuzestod. Und dieser Heilige Geist durchströmt euch in dieser Zeit, wo der Böse alles verschlingen möchte. Der Heilige Geist ist in euch. Er erleuchtet euch. Er zeigt euch den Weg, den ihr gehen sollt.

Oft erkennt ihr diesen Weg nicht. Manchmal müsst ihr Irrwege gehen. Dann ruft den Heiligen Geist an! Der Heilige Geist wird euch alles auftun. Er wird euch nicht allein lassen in dieser Zeit der Drangsal. Er wird euch leiten und führen, dorthin, wo Er euch haben will. Manchmal ist der Weg, den ihr als unmöglich anseht, sogar der richtige Weg, weil Ich, der Himmlische Vater, diesen Weg in Meinem Plan für euch vorgesehen habe. Oft könnt ihr ihn nicht erkennen, denn ihr kennt nicht die Zukunft. Ich allein, der Himmlische Vater, weiß alles über die Zukunft, die Gegenwart und die Vergangenheit. Alles berücksichtige Ich, was ihr nicht berücksichtigen könnt. Ihr seid unvollkommene Menschen und bleibt unvollkommen. Aber in der Liebe eures Himmlischen Vaters werdet ihr Geborgenheit erleben. Ihr werdet spüren, dass Ich, der Himmlische Vater, euch umgebe mit der Sanftmut, mit der Liebe, die euch so einhüllt, dass ihr nichts anderes könnt, als Meine Liebe auszukosten. Und diese Zeit ist gekommen. Warum, Meine Geliebten? Weil ihr gesühnt habt. Du, Meine Kleine, hast für die Priester viel Sühne aufbringen müssen – auch heute noch, besonders an diesem Tag.

Du hast es nicht verstehen können, dass man dich heute ins Krankenhaus brachte. Du konntest die Liebe des Himmlischen Vaters im Augenblick nicht erkennen. Und doch wollte Ich dich dorthin haben, um Meine Gnadenströme auszugießen. Dort, in dieser Klinik in Göttingen, war es bitter notwendig. Du hast die Unterschiede kennengelernt zwischen dem Schwabenland und dieser Stadt Göttingen. Du hast dich nicht wohlgefühlt. Die Persönlichkeit ist hier nicht mehr gegeben. Der Mensch ist kein Individuum mehr, sondern eine Nummer. Das war die Erkenntnis, die du machen musstest, und du durftest wieder gehen. Ich habe dies alles inszeniert. Das konntest du nicht erkennen, wohin der Krankenwagen dich bringen sollte, Meine Kleine. Du wolltest es ganz anders haben. Ich habe dich wieder wie einen Spielball benutzt. Dann durftest du wieder heim, auch weil Ich es so wollte.

Weil du dich schlecht fühlst, gebe Ich dir Kraft, Meine Kraft. Du verlässt dich oft zu sehr auf deine eigene Kraft und denkst, du bist am Ende. Dann ruf Mich doch eher an. Bin ich denn nicht für dich da, wenn deine Kraft am Ende ist? Immer war Ich da und doch rufst du Mich oft zu spät an.

In den letzten Tagen ging es dir sehr schlecht, und du hast dich nicht sehr oft auf Meine Kraft besonnen, sondern du hast immer nur gesehen wie schlecht es dir geht. Du sühnst! Von einer Krankheit fällst du in die andere. Aber weißt du nicht, dass Ich es bin, der dir die Kraft geben und auch wieder nehmen kann? Denke immer daran, dass der Heiland Jesus Christus in dir lebt und leidet. Willst du nicht auch mit Ihm mitleiden? Du sühnst durch deine Krankheiten. Das bedenkst du oft nicht.

Sühne, Meine Kleine! Es ist bitter notwendig! Die Priester gehen alle in den Abgrund. Ich sehe sie am Abgrund stehen. Du siehst nicht alle. Aber Ich, der Himmlische Vater, möchte sie zurück haben. Ich bitte Meine Himmlische Mutter und eure Mutter, dass diese Priester sich endlich Ihr weihen. Wie sehr sehne Ich Mich nach ihren Seelen. Das kannst du nicht verstehen, Meine Kleine, wie schwer es für Mich ist und wie sehr Ich leide, Ich, der Himmlische Vater, in Meinem Sohn Jesus Christus.

Du bist die größte Sühneseele der Welt, und deswegen kann Ich dir die Krankheiten im Augenblick nicht nehmen. Wenn du nicht sühnst, so sind sie verloren. Ich wirke durch dich. Spürst du es nicht? Sag ja zu deiner Krankheit: „Ja Vater, so wie Du willst, nicht wie ich will, so soll es sein. Ich liebe Dich! Ich liebe Dich, lieber Himmlischer Vater, dass du mir alles auftust für die anderen. Dass du niemanden allein lässt. Dass du immer wieder wirkst in Deiner Göttlichen Allmacht und Allgewalt. Dass Deine Liebe grenzenlos ist und dass dieser Verfolgungsweg, den wir gehen, der richtige ist. Zeige uns Deine Liebe, vor allen Dingen tue uns durch den

Heiligen Geist Deine Wege auf. Wir wollen Deinen Weg gehen und Deinen Plan erfüllen – ganz sicher. Lieber Himmlischer Vater, wir lieben Dich und möchten Deine Liebe weitergeben."

Nun segne Ich euch, Meine geliebten Kinder in der Göttlichen Liebe, mit allen Engeln und Heiligen, heute besonders mit den Apostelfürsten Simon und Judas Thaddäus, in der Dreieinigkeit, im Namen des Vaters und des Sohnes und des Heiligen Geistes. Amen.

In der Liebe seid ihr stark. Ohne Mich könnt ihr nichts tun. Seid dankbar und bleibt dem Himmel treu! Amen.

1. November 2015 – Fest Allerheiligen. Der Himmlische Vater spricht nach der Heiligen Tridentinischen Opfermesse nach Pius V. in der Hauskirche in Göttingen durch Sein Werkzeug und Tochter Anne.

Anne: Im Namen des Vaters und des Sohnes und des Heiligen Geistes. Amen. Wir haben heute das Fest Allerheiligen gefeiert. Die Engel waren während der Heiligen Opfermesse um den Altar geschart und zogen ein und aus.

Ich durfte auch viele Heilige sehen, die während der Heiligen Opfermesse anwesend waren. Es waren Heilige, die wir anrufen dürfen: Den Heiligen Philipp Neri, den Heiligen Judas Thaddäus, die vier Heiligen Evangelisten, die Erzengel und viele mehr. Heute war eine große Heiligkeit in der Hauskirche in Göttingen. Der Altar war in gleißendes goldenes Licht getaucht sowie auch die gesamte Hauskirche.

Der Himmlische Vater wird heute am Allerheiligenfest sprechen: Ich, der Himmlische Vater, spreche jetzt und in diesem Augenblick, durch Mein williges, gehorsames und demütiges Werkzeug und Tochter Anne, die ganz in Meinem Willen liegt und nur Worte wiederholt, die heute aus Mir kommen.

Meine geliebte kleine Schar, Meine geliebte Gefolgschaft, Meine geliebten Pilger und Gläubigen von nah und fern, Ich, der Himmlische Vater, werde euch heute erneut besondere Weisungen geben. Achtet auf Meine Botschaften und befolgt sie dringendst. Ich liebe euch alle und möchte, dass keiner verloren geht. Darum sühnt ihr auch heute, Meine geliebte kleine Schar, besonders du, Meine geliebte Kleine. Ihr, Meine geliebten Priestersöhne, würdet ansonsten verloren gehen, wenn Meine geliebte kleine Schar und ihre Gefolgschaft nicht für euch sühnen würden.

Ihr behauptet, Meine geliebten Priestersöhne, ihr kennt die Bibel. Ich, der Himmlische Vater, sage euch, ihr kennt die Bibel nicht, denn ihr verfolgt Meine geliebten Boten. In der Bibel (Mt 5,10-12) steht deutlich: „Selig, die Verfolgung leiden um der Gerechtigkeit willen, denn ihrer ist das Himmelreich. – Selig seid ihr, wenn sie euch schmähen und verfolgen und lügnerisch alles Böse gegen euch reden um meinetwillen. – Freuet euch und frohlocket, denn euer Lohn ist groß im Himmel. Denn ebenso haben sie die Propheten verfolgt, die vor euch waren.“ Hier steht es schwarz auf weiß, Meine geliebten Priestersöhne, dass ihr Meine Boten verfolgt, dass ihr sie verachtet, dass ihr ihnen die Ehre nehmt, ja, dass ihr sie sogar hasst. Glaubt ihr dennoch, dass ihr die Bibel kennt? Nein! Ihr lest weder die Bibel noch kennt ihr sie, obwohl ihr allen anderen sagt: „Wir haben die Bibel und wir benötigen keine Botschaften.“ Diese Botschaften sind von Mir, dem Himmlischen Vater und enthalten die volle Wahrheit. Ich sage euch, dass Ich der gerechte und wahre Gott bin. Glaubt ihr, dass ihr Meine Boten verachten könnt und dennoch gerettet werdet? Ihr müsst euch bekehren, Meine geliebten Priestersöhne. Immer noch warte Ich auf eure Umkehr.

Ihr glaubt, schon gerettet zu sein. Ihr benötigt weder Botschaften noch die Bekehrung und ihr könnt weiterhin in dieser modernistischen Kirche die Mahlgemeinschaft halten und am Volksaltar stehen. Ihr seid stolz und halsstarrig geworden, obwohl Ich Meine Botin genau darüber informiert habe, dass ihr umkehren sollt, dass ihr sie nicht verachten sollt, im Gegenteil, ihr sollt euren Nächsten lieben. Und doch verachtet ihr den Nächsten. Warum erkennt ihr nicht die Lüge, die ihr in der Welt verbreitet?

Viele Wunder habe Ich zur damaligen Zeit gewirkt. Kranke habe Ich geheilt, Tote erweckt und Dämonen ausgetrieben. Glaubt ihr, Meine geliebten Priestersöhne, dass Ich das nicht auch heute tun kann? Um Meine Boten und Botinnen herum werdet ihr wahre Wunder erleben. Gerade heute an diesem Tag werde Ich große Gnadenströme durch Meine Heiligen im Himmel ausgießen. Und Meine geliebten Boten werden diese Heiligen anrufen und auf ihre Fürbitte werden Wunder geschehen.

Ihr, Meine Priestersöhne, glaubt dies nicht, weil ihr Meine Boten verachtet, weil ihr sie verstoßt, weil ihr sie sogar aus den Kirchen hinausgeworfen habt. Und doch glaubt ihr: „Wir haben die Bibel, wir liegen in der Wahrheit und diese Boten sind sektirerisch.“ Nein, Meine geliebten Priestersöhne, das entspricht nicht der Wahrheit. Ihr seid doch diejenigen, die sie verfolgen. Sie sind dann die Verfolgten. Aber sie sind Meine Auserwählten und sie werde Ich schützen – in jeder Lage, obwohl ihr sie verfolgt oder gerade deswegen, weil ihr sie verfolgt. Meine Auserwählten werden einstens die Herrlichkeit im Himmel schauen dürfen.

Wenn ihr euch aber nicht bekehrt, so könnt ihr nicht in die ewigen Wohnungen einziehen. Darum bekehrt euch und glaubt an Meine Weisungen. Lest sie und befolgt sie, denn sie sind wichtig für euer zukünftiges Leben.

Immer noch möchte Ich sagen: Ich liebe Meine Priestersöhne von ganzem Herzen und sehne Mich auch heute ganz besonders nach ihren Seelen. Noch immer sündigen sie und liegen in der Unwahrheit und gehören dem Bösen an. Lasst euch befreien, geliebte Priestersöhne, durch das Heilige Opfermahl im wahren Tridentinischen Ritus nach Pius V., das auch heute hier in der Hauskirche in Göttingen gefeiert wurde und gewaltige Gnadenströme über Göttingen und weit darüber hinaus ausgegossen hat.

Verbunden seid ihr mit der Hauskapelle in Mellatz. Es sind zwei besondere Kirchen, die diese Gnadenströme im enormen Maße ausschütten, um die Menschen, besonders die Priestersöhne, von ihren Sünden zu befreien und zur Umkehr zu bewegen. Glaubt und vertraut tiefer, denn viele sollen gerettet werden vor dem ewigen Untergang, Meine geliebte kleine Schar und Gefolgschaft.

Am morgigen Tag werdet auch ihr eine Einsprechung für alle Armen Seelen bekommen. Glaubt daran, dass diese Ablässe dringend erforderlich sind, damit viele Seelen aus dem Fegefeuer befreit werden. Es werden viele sein, je mehr Ablässe ihr gewinnt. Alles nehme Ich von euch an, so wie ihr es erbittet.

Nun möchte Ich euch segnen für den heutigen Tag, mit allen Heiligen, allen Engeln und besonders mit eurer liebsten Mutter und Königin vom Sieg. Es segnet euch der Dreieinige Gott, der Vater, der Sohn und der Heilige Geist. Amen. In der Liebe seid ihr verankert, im Glauben seid ihr gestärkt und dem Himmlischen Vater in der Dreieinigkeit seid ihr treu, Meine geliebte kleine Schar.

2. November 2015 – Allerseelen. Anne spricht erklärende Worte zum Fest Allerseelen nach der Heiligen Tridentinischen Opfermesse nach Pius V. in der Hauskirche in Göttingen. Der Himmlische Vater hat ihr diese Aufgabe übertragen.

Anne: Im Namen des Vaters und des Sohnes und des Heiligen Geistes. Amen. Auch heute, am Allerseelentag, war der Altar und der Marienaltar wieder in gleißendes goldenes und silbernes Licht getaucht.

Ich durfte unzählige Arme Seelen sehen, die in die Hauskirche hineinzogen. Sie hatten ganz traurige Gesichter. Der Raum war überfüllt von Armen Seelen. Sie waren während der ganzen Heiligen Opfermesse anwesend. Sie verneigten sich besonders während der Wandlung in Ehrfurcht vor dem Allerheiligsten Altarssakrament und fielen nieder und beteten Es an. Sie zeigten diese Ehrfurcht durch ihren Gesichtsausdruck.

Auch ich habe dadurch eine viel größere Ehrfurcht empfunden vor dem Allerheiligsten Altarssakrament. Ich habe gespürt, dass dies das Höchste und Größte in unserem Leben ist. Wir dürfen uns freuen, dass Jesus unter uns weilt mit Gottheit und Menschheit, den wir anbeten und vor dem wir niederknien und dem wir alles sagen dürfen. Ihm bleibt zwar nichts verborgen aber Er möchte trotzdem alles von uns selbst erfahren. Wir sollen Ihm alles sagen, was uns bedrückt. Er wartet darauf und freut sich, wenn wir so offen Ihm gegenüber sind. Er möchte von uns alles wissen, was uns bewegt, weil Er mit Gottheit und Menschheit anwesend ist.

Wenn wir Ihm alles mitteilen, so freut Er sich, dass Er uns helfen kann. Er kann uns viel mehr helfen, wenn wir Ihm dies persönlich mitteilen.

Und so wollen wir es uns heute zum Prinzip machen, dass wir Ihm alles persönlich mitteilen, was uns bewegt, was uns Sorgen bereitet, auch was in der Welt geschieht, besonders vor dem ausgesetzten Allerheiligsten. Alles will Er von uns wissen. Er möchte immer in uns wohnen und Tag und Nacht bei uns sein. Er möchte uns umarmen und uns sagen, dass Er der Größte in unseren Herzen ist. Ihn bewegt alles, wenn Er es auch schon weiß. Er will uns in jeder Lage helfen. Dies wird uns oft gar nicht bewusst, dass Er bei uns ist, dass Er unter uns weilt, dass Er in unserem Herzen wohnt.

Ganz besonders heute an diesem Tag der Armen Seelen habe ich Ihm meine Verwandten anvertraut. Ich weiß ja, dass noch einige im Fegefeuer sind. Ich möchte, dass sie befreit werden. Das bewegt mich ganz besonders. Er weiß den Zeitpunkt, wann Er sie befreien wird. Noch ist es nicht so weit. Dies hat Er mir mitgeteilt. Er kann sie nur aus dem Fegefeuer befreien, wenn alle Sündenstrafen abgebüßt sind.

Wenn sie in der Anschauung Gottes sein würden, bevor sie nicht alle Sünden abgebüßt haben, würden sie diese Anschauung des Höchsten Gottes nicht ertragen. Sie würden sofort wieder ins Fegefeuer zurück wollen. Dies habe ich dann verstanden. Ich bin dankbar, dass ich noch weiter beten und sühnen kann, auch für meine Verwandtschaft.

Ja, so ist es mit den vielen Seelen, die heute bei uns waren. Sie haben alle um Gebet gebeten. Heute, an diesem Tag, wurde ein ganzer Schwarm von Armen Seelen befreit. Alle, die sich hier in der Hauskirche befanden, wurden jedoch nicht befreit. Das Gebet heute für sie hat ihnen aber sehr geholfen. Für manche war es nicht ausreichend. Sie mussten wieder zurück ins Fegefeuer und haben dies auch gerne getan, weil sie genau wussten, es reicht noch nicht aus: „Ich kann noch nicht vor Gott bestehen. Aber ich weiß, dass ich erlöst und von der Gottesmutter und den Engeln abgeholt werde, um die ewige Herrlichkeit Gottes schauen zu dürfen.“ Das ist ihnen sicher. Jedoch ein großer Schwarm von Armen Seelen ist sofort in den Himmel aufgestiegen. Glücklich sind sie von den Engeln abgeholt und von ihnen begleitet worden. Die Gottesmutter war auch dabei. Es war ein großer Festtag für die Armen Seelen.

Auch für mich war dieser Tag zu einem Festtag geworden, weil ich gesehen habe, wie sich die Armen Seelen freuten und dankbar waren für unser

Gebet. Sie haben sich schon lange auf den heutigen Tag gefreut. Deswegen bin ich selbst so dankbar, diesen heutigen Tag erleben zu dürfen. Jetzt weiß ich, was es für ein großer Festtag auch für uns sein wird, wenn wir einmal in die Herrlichkeit Gottes eingehen dürfen. Wir werden dann dankbar sein, wenn andere für uns gebetet haben. Ich hoffe und bete dafür, dass wir alle gleich in den Himmel gelangen dürfen und nicht erst das Fegefeuer durchleben müssen.

Dies war heute etwas Besonderes, was ich erleben durfte. Ich hoffe, dass es vielen auch so ergeht, wenn sie diese Einsprechung lesen, und dass sie dankbar sind für diesen Tag, und sie auch für ihre Verwandten beten, damit sie befreit werden aus dem Fegefeuer, denn sonst wäre nicht so ein großer Strom in die Hauskirche eingezogen. Sie war völlig mit Armen Seelen gefüllt.

Viele Arme Seelen kann man an einem Tag retten. Und das haben wir getan aber nicht nur wir. Die, die an die Botschaften glauben und sie nicht nur lesen, sondern sie leben, retten viele Arme Seelen.

Dankbar ist der Himmlische Vater dafür, dass wir alle täglich mit Vertrauen beten, opfern und sühnen für die Armen Seelen und sie aus dem Fegefeuer befreien wollen.

Der Himmlische Vater hat auch gesagt, es gibt so viele Arme Priesterseelen, die wir gar nicht kennen und für die niemand betet und niemand opfert. Auch für sie sollen wir beten. Diese müssen sehr im Fegefeuer leiden. Sie befinden sich oft in der letzten Stufe vor der Hölle, weil sie schwer gesündigt haben. Diese werden anders beurteilt als wir. Je höher ihr Rang (Päpste, Bischöfe, Priester), umso mehr, müssen sie leiden. Für diese sollen wir ganz besonders beten. Sie sind erst recht dankbar für unser Gebet, weil sie oft kurz vor der Hölle stehen und unsagbar leiden müssen.

Und so segnet uns nun der Himmlische Vater, heute an diesem Allerseelentag, in der Dreieinigkeit mit allen Engeln, den geretteten Armen Seelen und mit der Gottesmutter, im Namen des Vaters und des Sohnes und des Heiligen Geistes. Amen.

Gelobt sei Jesus, Maria und Josef in Ewigkeit. Amen.

7. November 2015 – Die Gottesmutter spricht nach dem Zönakel und der Heiligen Tridentinischen Opfermesse nach Pius V. in der Hauskirche in Göttingen durch Ihr Werkzeug und Tochter Anne.

Anne: Im Namen des Vaters und des Sohnes und des Heiligen Geistes. Amen. Heute haben wir das Zönakel gefeiert. Der Marienaltar und der Opferaltar waren von Engeln umringt. Die Engel umkreisten auch die Gottesmutter. Sie wird heute, an Ihrem Ehrentag, sprechen.

Die Gottesmutter spricht: Ich, eure liebste Gottesmutter, spreche jetzt und in diesem Augenblick durch Mein williges, gehorsames und demütiges Werkzeug und Tochter Anne, die ganz im Willen des Himmlischen Vaters liegt und Worte wiederholt, die aus Mir kommen, der Mutter und Königin vom Sieg und der Rosenkönigin von Heroldsbach.

Geliebte kleine Schar, geliebte Pilger von nah und fern und Meine geliebte Gefolgschaft, Ich, eure liebste Mutter, eure Rosenkönigin von Heroldsbach und eure Mutter und Königin vom Sieg, spreche heute zu euch, weil Ich euch einige Weisungen mit auf diesen Pilgerweg geben darf, den ihr beschritten habt.

Ja, ihr habt die Fraternita gelesen, Meine geliebten Kinder. So sieht es aus mit den Armen Seelen im Fegefeuer. Viele Meiner geliebten Priestersöhne werden das Fegefeuer erleben, weil sie auch im letzten Augenblick ihre Schuld nicht bekennen wollen. Sie sind leider bis zu diesem Augenblick halsstarrig und stolz geblieben. Wie oft habe Ich sie ermahnt, Meine geliebten Priestersöhne: Weiht euch Meinem Unbefleckten Herzen, dann habt ihr den besonderen Schutz, den ihr benötigt. – Warum hört ihr nicht auf die Worte eurer Himmlischen Mutter, die euch so sehr liebt, die euch umarmen und zum Himmlischen Vater führen möchte? Wie sehr liebe Ich euch! Wie sehr habe Ich um euch bittere Tränen geweint – auch heute noch. Hört auf Meine Worte! Bekehrt euch im letzten Augenblick! Ergreift diesen Strohhalm, den Ich euch anbiete. Ich liebe euch zu sehr, um euch in den ewigen Abgrund hinabsinken zu lassen. Ich ertrage es nicht, Meine geliebten Priestersöhne, denn Ich möchte euch in Meine Arme schließen. Ich möchte euch mit dem liebenden Herzen Jesu verbinden. Glaubt an diese Botschaften, die Ich euch sende!

Heute, an diesem Tag, schenke Ich euch besondere Gnaden – Erlösungsgnaden. Nehmt sie an! Sie gehen weit über diese Hauskirche hinaus. Sie sollen euch an jedem Ort erreichen, an dem ihr euch befindet. Glaubt nicht an diese modernistische Kirche und geht hinaus, denn im Tabernakel ist Jesus, Mein Sohn, nicht anwesend. Ich ermahne euch heute und weise euch zurecht. Ich, als eure Himmlische Mutter, mache mir große Sorgen um euch, weil Ich euch liebe, weil Ich euch unsagbar liebe. Mein brennendes Herz ist vor Liebe für euch entflammt. Glaubt an die Botschaften! Glaubt und vertraut dem Himmlischen Vater, denn Er möchte euch retten. Mein Sohn Jesus Christus ist für euch gestorben, um euch zu erlösen. Leider schlagt ihr Ihn erneut ans Kreuz, doch Er möchte euch trotz allem retten.

Ich umarme euch, euch Meine geliebten Priestersöhne und auch euch, Meine geliebte kleine Schar. Bleibt in der Wahrheit und glaubt und vertraut tief. Du, Meine geliebte Kleine, ertrage dein Leiden in Geduld. Du wirst davon erlöst werden doch nicht heute und nicht morgen. Warum? Schaut ins Internet, was dort geschieht.

Meine geliebten Bischöfe und Kardinäle schlagen Meinen Sohn Jesus Christus erneut ans Kreuz. Wie schwer erträgt Mein Sohn dieses Leid, und wie traurig bin Ich, eure Himmlische Mutter, dass Meine Priestersöhne sich nicht bekehren.

Und so segne Ich euch heute mit der Liebe Meines Herzens, mit allen Engeln und Heiligen, in der Dreieinigkeit, im Namen des Vaters und des Sohnes und des Heiligen Geistes. Amen.

Bleibt in der Liebe, Meine geliebten Kinder und vertraut dem Himmlischen Vater, dann seid ihr geschützt, denn ihr werdet besonders geliebt, wenn ihr glaubt und vertraut. Amen.

7. November 2015 – Herz-Mariä-Sühnesamstag und Zönakel. Die Gottesmutter spricht am Abend in der Wohnung in Göttingen durch Ihr Werkzeug und Tochter Anne.

Anne: Im Namen des Vaters und des Sohnes und des Heiligen Geistes. Amen.

Heute, am Zönakel, spricht die Gottesmutter zum zweiten Mal. Der Marien- und Opferaltar war von vielen Engeln umringt. Gleißendes, silbernes und goldenes Licht umstrahlte den Opferaltar. Die Kerzen leuchteten im hellen Glanz. Die dunkelroten Flammen wurden immer größer. Die Gottesmutter, die vier Evangelisten und das Jesuskind waren in helles Licht getaucht.

Die Himmlische Mutter wird heute zum Fest des Zönakels sprechen: Ich, die Himmlische Mutter, die Mutter und Königin vom Sieg und die Rosenkönigin von Heroldsbach spreche jetzt und in diesem Augenblick durch Mein williges, gehorsames und demütiges Werkzeug und Tochter Anne, die ganz im Willen des Himmlischen Vaters liegt und nur Worte wiederholt, die heute aus Mir kommen.

Geliebte kleine Schar, geliebte Gefolgschaft, geliebte Gläubige und Pilger von nah und fern, Ich möchte euch heute einige Weisungen und Informationen geben, damit ihr an dem Tag des Kommens Jesu Christi, Meines Sohnes, gewappnet seid.

Meine geliebten Priestersöhne, Ich fordere euch wiederum auf: Kehrt um, denn noch ist es Zeit! Ihr werdet unsagbar geliebt vom Himmlischen Vater. Er möchte euch vor dem ewigen Untergang retten. Ich liebe euch ganz besonders und gebe euch heute diese Weisungen, damit ihr bereit seid, umzukehren.

Wie sehr liebt euch der Himmlische Vater, dass Er euch diese Botschaften mitteilt. Welch große Ehre ist es für euch, immer wieder aufgefordert zu werden, doch die Heilige Opfermesse im Tridentinischen Ritus nach Pius V. zu feiern. Nur diese Heilige Opfermesse liegt in der vollen Wahrheit. Seid bereit, Meine geliebten Priestersöhne, diese Heilige Opfermesse zu feiern und bleibt nicht, wie bisher, im Modernismus verhaftet.

Ihr müsst erkennen, dass die Laien nicht befähigt sind, die Heilige Kommunion auszuteilen. Nur ein Priester kann dies in der Wahrheit tun, denn in seinen Händen verwandelt sich Mein Sohn Jesus Christus, aber nur dann, wenn der Priester das wahre Heilige Opfermahl in aller Heiligkeit feiert. Glaubt dies, Meine geliebten Priestersöhne! So seid ihr geschützt vor dem Bösen, denn der Böse geht um wie ein brüllender Löwe und möchte euch, Meine geliebten Priestersöhne, alle verschlingen. Er möchte euch in die Irre führen und völlig verwirren. Wenn ihr dem Bösen glaubt, werdet ihr den falschen Weg einschlagen. Aber Ich, eure liebste Mutter, möchte, dass ihr den wahren Weg erkennt und diesen einzigen Weg beschreitet. Eine Heilige Opfermesse, die ihr in der Wahrheit feiert, bringt gewaltige Gnadenströme über die ganze Welt und über das Universum. Ich, eure liebste Mutter, wünsche, dass ihr euch Meinem Unbefleckten Herzen weiht, denn ihr sollt geschützt sein.

Wie viele bittere Tränen habe Ich bisher um euch geweint und fordere euch nun auf: Kehrt um! Noch ist die Zeit der Umkehr für euch gegeben. In der Liebe werdet ihr gewandelt. Eure Herzen werden in einen Liebesbrand versetzt, dann, wenn ihr glaubt und vertraut. Diese Botschaften entsprechen der vollen Wahrheit.

Heute, am Fest des Zönakels, werden besondere Gnadenströme von Mir, eurer Himmlischen Mutter, ausgeschüttet. Die Fraternita war eine besondere Information über die Armen Seelen.

Ihr, Meine geliebten Priestersöhne, sollt einmal die ewige Herrlichkeit schauen dürfen. Wer an diese Botschaften, die Ich euch so oft verkünde, glaubt, wird umgewandelt in einen Strom der Liebe. Wenn ihr tiefer vertraut, so werdet ihr in Meinen Bann gezogen. Aber wehe, wenn ihr nicht daran glaubt!

Ich, eure liebste Mutter, umarme euch und schenke euch Meine Liebe. Alle Meine Priestersöhne möchte Ich zum Himmlischen Vater führen. Sie sollen sich unter Meinem Schutzmantel geborgen fühlen.

Liebt das Göttliche Herz Jesu, denn am gestrigen Tag habt ihr den Herz-Jesu-Freitag gefeiert. Besondere Gnadenströme wurden an diesem Tag über euch ausgegossen. Sie möchten euch umwandeln, denn die Liebe ist doch das Größte und das Vertrauen soll in euch wachsen.

Und nun segne Ich euch an diesem Zönakelfest mit allen Engeln und Heiligen in der Dreieinigkeit, im Namen des Vaters, des Sohnes und des Heiligen Geistes. Amen.

Ich liebe euch, ganz besonders dann, wenn in euch die Bereitschaft zur Umkehr vorhanden ist, Meine geliebten Priestersöhne. Amen.

8. November 2015 – Der Himmlische Vater spricht nach der Heiligen Tridentinischen Opfermesse nach Pius V. in der Hauskirche in Göttingen durch Sein Werkzeug und Tochter Anne.

Anne: Im Namen des Vaters und des Sohnes und des Heiligen Geistes. Amen. Heute habt ihr das Heilige Opfermahl in wahrer Ehrfrucht gefeiert. Der Opferaltar und auch der Marienaltar waren wieder in gleißendes, silbernes und goldenes Licht getaucht sowie auch die Blumensträuße und der gesamte Altarraum. Das Herz Jesu war mit dem Herzen Mariens während der Heiligen Opfermesse verschmolzen.

Der Himmlische Vater wird heute sprechen: Ich, der Himmlische Vater, spreche jetzt und in diesem Augenblick durch Mein williges, gehorsames und demütiges Werkzeug und Tochter Anne, die ganz in Meinem Willen liegt und nur Worte wiederholt, die aus Mir kommen.

Meine geliebte kleine Schar, Meine geliebte Gefolgschaft, Meine geliebten Gläubigen und Pilger von nah und fern, Ich liebe euch alle und möchte euch Weisungen und Informationen für die Zukunft erteilen. Entwickelt keine Ängste, denn Ich, der Himmlische Vater, werde Meinen Plan ausführen. Bis zum Äußersten gehe Ich mit euch, Meine Geliebten. Gebt nicht auf, denn Ich, der Himmlische Vater wirke in euch allen. Vor allen Dingen wünsche Ich, dass ihr in Göttingen weiterhin verweilt bis Ich euch sage, wann der Zeitpunkt eurer Abreise sein wird.

Ich, der Himmlische Vater, werde alles in euch wirken, wenn ihr bis zum Ende durchhaltet. Du, Meine Kleine, hast eine ganz besondere Krankheit, die Krankheit Morbus Sudeck an deinem Fuß und an deinem Arm. Du hast unaussprechliche Schmerzen. Um deine Schmerzen weiß nur der Himmlische Vater ganz allein. Ich weiß, dass Ich das Äußerste von dir verlangen muss, Meine Kleine. Du wirst mit Meiner Sühneseele Monika diesen Weg beschreiten, auch wenn es für euch aussichtslos erscheint. Alles wirke Ich in euch, wenn ihr durchhaltet. Wenn ihr aber alles hinwerft, so kann Ich, der Himmlische Vater, nicht in euch wirken. Haltet durch bis zum Ende, dann wird der Himmlische Vater euch alles kundtun, was Ich in Meinem Plan erdacht habe.

In Meinem Sohn Dennis – Ich nenne heute seinen Namen – möchte Ich wirken, was Ich in Meinem Plan für ihn vorgesehen habe. Nur ihr, Meine geliebten Kleinen, müsst Geduld aufbringen. Die Geduld ist nun gefragt. Ihr könnt nicht verlangen, dass alles gleich eintritt. Aber wenn ihr vertraut und in Geduld und Sanftmut ausharrt, vor allen Dingen in der Sanftmut miteinander umgeht, dann kann Ich in euch wirken. Ich liebe euch und möchte euch Meine Weisungen kundtun, die für eure Zukunft wegweisend sind.

Es wird nicht einfach für euch sein. Diese Zeit der Drangsal in der Kirche scheint für euch aussichtslos zu sein. Aber Ich, der Himmlische Vater, werde weiterhin in Meiner wahren Kirche wirken, in der glorreichen Kirche, die auf euch wartet. Die modernistische Kirche ist dem Untergang geweiht. In dieser Kirche kann Ich nicht wirken, weil der Böse Einzug gehalten hat, vor allen Dingen durch die Unreinheit. Meine Himmlische Mutter weint bittere Tränen um ihre Priestersöhne, die der Homosexualität verfallen sind.

Meine Mutter ist die Reinste aller Reinen. Und gerade Sie, die Mutter der Priestersöhne, fleht an Meinem Thron um diese Meine Priestersöhne, damit sie umkehren. Noch sind sie nicht bereit dazu. Sollten sie aber bis zum letzten Augenblick nicht den Willen haben, umzukehren, so werden sie in die ewigen Abgründe hinabgestoßen, weil sie Meinen Plan nicht erfüllt und sich dem Unbefleckten Herzen Meiner liebsten Himmlischen Mutter nicht geweiht haben, so wie es in Meinem Plan vorgesehen war. Meine Priestersöhne waren bisher nicht bereit dazu. In ihnen wirkt der Böse, weil sie dem Bösen die Hand gereicht haben. Leider sind sie nicht bereit, alles auf sich zu nehmen, vor allen Dingen deshalb, weil sie glauben, ihre Machtposition zu verlieren und finanzielle Einbußen zu erleiden. Sie haben Angst, ihre Bedürfnisse nicht erfüllen zu können. Ich, der Himmlische Vater, möchte in ihnen wirken. Ich möchte sie retten vor dem ewigen Untergang. Noch immer sind sie nicht bereit, Mir, dem Himmlischen Vater, den Gehorsam zu erweisen. Ich liebe sie ganz besonders, und Meine Sehnsucht nach ihnen wächst von Tag zu Tag.

Ihr, Meine geliebten Kinder, sühnt für sie, besonders du, Meine Sühneseele Anne und Meine Sühneseele Monika. Wie viele Krankheiten habt ihr bereits auf euch genommen. Und nun musst du, Meine Kleine, mit dieser schweren Krankheit einhergehen, weil es der Himmlische Vater so will. Du kannst es nicht verstehen, dass Ich so viel von dir verlangen muss. Hast du nicht bedacht, dass deine Krankheit eine Krankheit ist, die die Welt vor dem Untergang retten soll? Denn du hast eine Weltensendung. So musst du vieles auf dich nehmen, was andere nicht verstehen und was du auch selbst nicht verstehen kannst.

Der Himmlische Vater weiß um deine Krankheit, Er weiß um deine Schmerzen, dass sie unerträglich sind. Doch gib nicht auf! Zur gegebenen Zeit werde Ich dir die Krankheit nehmen. Noch ist es nicht so weit – noch lange nicht, wie deine Himmlische Mutter gestern erwähnte: Nicht heute und nicht morgen wird es sein, aber wenn Ich, der Himmlische Vater, Meinen Plan mit dir erfüllt sehe, Meiner geliebten kleinen Sühneseele, die die Weltensendung bekommen hat, dann kann Ich dir diese Schmerzen nehmen.

Du wirst weiterhin wie ein Spielball von Mir benutzt und du wirst damit einverstanden sein, weil Ich dich geläutert habe und weil Ich dich auch weiterhin läutere in der Demut und Geduld. Das sind deine besonderen Vorsätze und die habe Ich zum Prinzip genommen. Achte auf diese beiden Vorsätze, dann wirst du weiter fortschreiten in der Heiligkeit, die Ich von dir verlange. Du sollst Vorbild sein für viele Menschen, nicht nur für einige. Harre aus, auch wenn es dir unerklärlich erscheint. Und nun, Meine Geliebten, warte Ich weiterhin auf Meine Priestersöhne. In Geduld harre Ich aus. Ich, der Himmlische Vater, benutze die Menschen.

Ich habe den Weizen ausgesät und das Unkraut wachsen lassen, wie ihr heute im Evangelium gehört habt. Beides lasse Ich wachsen. Zur gegebenen Zeit werde Ich die Spreu vom Weizen trennen. Wenn Meine Zeit gekommen ist, werde Ich Meine Auserwählten von den Bösen trennen, von denen, die sich von Mir losgesagt haben. Dann werden sie in den ewigen Abgrund gestürzt werden, von Mir persönlich, dem Himmlischen Vater, weil sie Meine Auserwählten verfolgt haben. Ich habe sie ausersehen, damit sie alles auf sich nehmen, jede Verfolgung, jede Krankheit, alles, was Ich von ihnen verlange. Sie haben nie aufgegeben, auch dann nicht, wenn sie meinten, dieses Leid nicht ertragen zu können.

Dies werde Ich auch von Meiner Gefolgschaft verlangen, denn sie sind Marienkinder und Meine Marienkinder werden geläutert, denn sie sind der Weizen. Meine Gefolgschaft hat Mir bisher in Heroldsbach den Gehorsam erwiesen. Viele Krankheiten und viele Drangsale haben sie auf sich genommen. Diese vielen Mühen haben sie nicht gescheut. Sie sind jeden Monat nach Heroldsbach geeilt, um Meiner Himmlischen Mutter in der Mulde die Ehre zu erweisen.

Meine geliebten Marienkinder, Meine geliebten Vaterkinder, Ich danke euch, dass ihr bisher ausgeharrt, dass ihr Mir die Treue gehalten und dass ihr nie aufgegeben habt. Unfassbar kann euer Leid sein, aber Mein Plan ist nicht euer Plan. Mein Plan sieht anders aus. Ihr könnt ihn nicht ergründen und erfassen, weil er weltumfassend ist. Ich schaue in die Vergangenheit, in die Gegenwart und in die Zukunft. Darum könnt ihr nichts ergründen.

Ich, der Allgewaltige und Allmächtige Gott habe einen besonderen Plan mit der ganzen Welt. Diesen Weltenplan könnt ihr niemals erfassen. In Meiner Allgewalt werde Ich bald wirken. Nicht mehr lange, Meine Auserwählten, dann werde Ich eingreifen, ganz anders wie ihr es erwartet. Harrt aus! Er ist so allgewaltig, dass er die ganze Welt bewegen wird. Dieser Eingriff, den Ich in Meinem Plan erdacht habe, scheint für euch sehr schwer zu erfassen. Ihr bekommt eine gewisse Angst und die ist für Mich, den Himmlischen Vater, erklärbar. Ihr seht diese Welt und diese Kirche, wie alles am Boden zerstört liegt, aber Ich, der Himmlische Vater, sehe viel mehr dahinter. Und das könnt ihr nicht ergründen.

Glaubt an Meine Allmacht! Glaubt an Meine Allgewalt! Harrt aus bis zum Ende, dann kann Ich in euch wirken und ihr werdet sehen, dass ihr in Meiner Liebe geborgen seid. In Meiner Vaterliebe umfasse Ich euch. Unter dem Mantel eurer Himmlischen Mutter findet ihr Geborgenheit. Schaut auf Meine liebste Mutter. Wie viel Leid musste Sie ertragen und wie viel Leid sieht Sie auch heute noch. Sie erträgt es für alle Ihre geliebten Priestersöhne, die Mir den Gehorsam bisher nicht erwiesen haben. Wie viel Leid muss deshalb Meine Himmlische Mutter, die Reinste aller Reinen, ertragen. Doch Sie erträgt alles, so, wie ihr auch euer Leid ertragen sollt. Geht an der Hand eurer liebsten Mutter, dann wird euer Leid erträglich sein. Eure Himmlische Mutter wird dieses Leid mit euch tragen, denn Sie hebt euer Kreuz an. Aber weiterhin werdet ihr die Verfolgten sein. Meine geliebten Priestersöhne haben euch bisher verfolgt und werden es weiterhin tun. Leider ist es so. Aber ertragt diese Drangsal, denn auch Meine Priestersöhne möchte Ich durch euer Leid und eure Sühne retten, retten vor dem ewigen Untergang.

Ich liebe ganz besonders Meine Priestersöhne. Jeden einzelnen habe Ich erwählt und möchte ihn vor dem ewigen Untergang bewahren. Jeder Priestersohn ist Mir kostbar und wertvoll, auch dann, wenn er bisher den falschen Weg gegangen ist. Bis zum letzten Augenblick kann er sich bekehren, und auf diese Bekehrung warte Ich, der Himmlische Vater.

In Treue und Dankbarkeit stehe Ich vor euch, Meine geliebte kleine Schar, Meine geliebte Gefolgschaft und Gläubigen von nah und fern. Allen, die bisher ausgeharrt haben, möchte Ich danken. Ich schenke euch weiterhin die Geduld, wenn ihr ausharrt. Ich, der Himmlische Vater, nehme euch an die Hand und bringe euch zur Mutter. Sie wird eure Hand ergreifen und euch vor allem schützen, was euch bedrängt und wird alles mit euch tragen. Harrt aus in Geduld und in der Sanftmut.

Ich liebe euch unsagbar und segne euch nun mit eurer Himmlischen Mutter, mit allen Engeln und Heiligen, mit der ganzen Himmlischen Heerschar, im Namen des Vaters und des Sohnes und des Heiligen Geistes. Amen.

Noch sagen möchte Ich, dass der Böse gestern in Meine Botschaften eingegriffen hat. Darum ist dieses Band gerissen, damit ihr wisst, woran es liegt. Der Böse greift dort ein, wo ihr es nicht vermutet. Aber glaubt daran, alles wird in Ordnung kommen. Alles, was ihr meint, nicht regeln zu können, wird von Mir, dem Himmlischen Vater geregelt. Harrt aus in Geduld, denn Ich liebe euch. Amen.

13. November 2015 – Die Gottesmutter spricht in der Sühnenacht um 0.10 Uhr nach der Heiligen Tridentinischen Opfermesse nach Pius V. in der Wohnung in Göttingen durch Ihr Werkzeug und Tochter Anne.

Anne: Im Namen des Vaters und des Sohnes und des Heiligen Geistes. Amen. In dieser Sühnenacht verweilen wir vor dem Allerheiligsten Altarssakrament und beten Jesus Christus würdig an.

Die Gottesmutter wird in dieser Sühnenacht sprechen: Ich, eure Himmlische Mutter, eure Rosenkönigin von Heroldsbach, eure Mutter und Königin vom Sieg spreche jetzt und in diesem Augenblick durch Mein williges, gehorsames und demütiges Werkzeug und Tochter Anne, die ganz im Willen des Himmlischen Vaters liegt und nur Worte wiederholt, die heute aus Mir kommen.

Meine geliebte kleine Schar, Meine geliebte Gefolgschaft in Heroldsbach und Meine geliebten Gläubigen von nah und fern, Ich begrüße euch in dieser Sühnenacht und segne euch mit dem Gnadensegen des Himmels. Ihr, Meine geliebten Pilger, habt viel auf euch genommen in dieser Sühnenacht. Ihr sühnt für die Priester, die immer noch nicht bereit sind, den wahren Weg, den der Himmlische Vater für alle vorgesehen hat, zu gehen. Sie sündigen in ganz gravierender Weise, Meine geliebten Priestersöhne und Ich, die Himmlische Mutter, leide um sie.

Wie oft habe Ich ihnen bereits gesagt, sie sollen doch umkehren. Ihre Herzen mögen sie öffnen für die Himmlischen Worte, für die Botschaften, die Ich ihnen heute geben möchte. Leider sind viele Priester nicht bereit, den schwersten Weg der Sühne und des Kreuzes zu gehen. Ich möchte euch sagen, Meine geliebten Priestersöhne, dass die Zeit der Umkehr für euch gekommen ist. Warum seid ihr nicht bereit, diesen Weg zu gehen, obwohl Ich, eure liebste Mutter, alles vorbereitet habe?

Auch Ich bin diesen Weg gegangen, Meine geliebten Priestersöhne. Habe Ich nicht unter dem Kreuz gestanden, unter dem Kreuz Meines geliebten Sohnes? Bin Ich nicht diesen Weg für euch schon vorausgegangen? Wie viel Liebe habt ihr für euren liebsten Jesus übrig? Schaut Er euch nicht mit all Seiner Liebe an? Und doch, Meine geliebten Priestersöhne, kehrt ihr Ihm den Rücken zu, ganz besonders in der modernistischen Mahlgemeinschaft. Wie sehr beleidigt ihr Jesus Christus durch diese Handkommunion. Ihr wollt es nicht wissen, dass es eine schwere Sünde, ja sogar ein Sakrileg ist. Und doch fordert ihr die Laien auf, die Kommunion in ungebührlicher Weise auszuteilen.

Ihr wisst, Meine geliebten Priestersöhne, dass dies eine schwere Sünde ist und dass ihr diese Sünde bereuen müsst. Glaubt ihr, dass euer liebster Jesus damit einverstanden sein kann, dass ihr diese schwere Sünde weiterhin begeht? Kehrt um, denn die Zeit der Umkehr ist jetzt gekommen.

Wie ihr aus den Botschaften erkennt, wird sich bald der Plan des Himmlischen Vaters erfüllen. Er wird in ganz gravierender und gewaltiger Weise eingreifen, weil Seine Zeit gekommen ist. Wie viele Botschaften und Ermahnungen sind voraus gegangen. Jesus Christus, der Sohn Gottes, wartet sehnlichst auf eure Umkehr, weil Er in eure Herzen einkehren und Sein Herz mit euren Herzen verschmelzen möchte. Darum gebt Ihm euer williges ‚Ja Vater', damit Er eure Herzen berühren kann. Ich, eure Himmlische Mutter, werde euch bei eurer Umkehr behilflich sein.

Glaubt daran, dass der Himmlische Vater in Seiner Allmacht und Allgewalt eingreifen wird. Darum, Meine geliebten Priestersöhne, sollt ihr bereit sein, umzukehren und dem Himmlischen Vater ein williges Ja sagen. Wie sehr ist Sein Herz erfüllt mit Seiner Liebe. Er wird euch in Seine Arme schließen, wenn ihr alles bereut und eine gute Beichte ablegt und künftig bereit seid, den schwersten Weg zu gehen, den Weg des Kreuzes. Erst dann kann der Himmlische Vater in Seiner Allmacht wirken. Er macht sich abhängig von euch, von eurer Umkehr. Er wartet auf euch und wird dankbar sein für jedes Wort, das ihr Ihm in Liebe und Treue schenkt.

So segnet euch nun in dieser Sühnenacht eure Rosenkönigin von Heroldsbach mit der ganzen Heerschar der Engel und Heiligen, der Dreifaltige Gott, der Vater, der Sohn und der Heilige Geist. Amen. Seid bereit für die Umkehr, denn die Zeit ist nahe, in der der Himmlische Vater Seinen Plan erfüllt. Amen.

13. November 2015 – Die Gottesmutter spricht am Fatima- und Rosa-Mystika-Tag nach der Heiligen Tridentinischen Opfermesse nach Pius V. in der Hauskirche in Göttingen durch Ihr Werkzeug und Tochter Anne.

Anne: Im Namen des Vaters und des Sohnes und des Heiligen Geistes. Amen. Der gesamte Altarraum sowie auch der Marienaltar waren während der Heiligen Opfermesse in gleißendes goldenes Licht getaucht. Das habe ich von meinem Krankenzimmer aus sehen dürfen.

Die Gottesmutter wird auch heute sprechen: Ich, die Rosenkönigin von Heroldsbach und die Mutter und Königin vom Sieg, werde an diesem 13. zu euch sprechen, Meine geliebten Kinder, durch Mein williges, gehorsames und demütiges Werkzeug und Tochter Anne, die ganz im Willen des Himmlischen Vaters liegt und heute Worte wiederholt, die aus Mir kommen.

Geliebte Marienkinder, geliebte kleine Schar, geliebte Gefolgschaft, geliebte Gläubige und geliebte Pilger von nah und fern, Ich spreche heute zu euch, weil Ich bestimmte Informationen an euch weitergeben möchte.

Meine geliebten Marienkinder, wie sehr steht ihr in Meiner Gnade, die Ich über euch ausgieße, besonders an diesem 13., an dem Meine Gefolgschaft in der Mulde verweilt und die Heilige Opfermesse im Tridentinischen Ritus nach der DVD mitfeiert.

Meine geliebte Gefolgschaft, wie sehr danke Ich euch, dass ihr an jedem 13. nach Heroldsbach kommt und alle Mühen auf euch nehmt und nichts scheut, um daran teilzunehmen. Auch habt ihr die Sühnenacht auf euch genommen, was bestimmt sehr anstrengend für euch war. Ich danke euch von ganzem Herzen. Du, Meine Kleine, hast große Schmerzen auf dich genommen. Du weißt manchmal nicht, wie du die Schmerzen ertragen sollst, weil sie übergroß sind. Und doch weiß der Himmlische Vater um diese großen Schmerzen, um dieses Kreuz, Meine geliebte Kleine. Aber der Himmlische Vater erwartet diese Sühne von dir, weil Meine Priestersöhne immer noch nicht bereit sind, trotz der Sühnenacht, umzukehren und die wahre Tridentinische Heilige Opfermesse zu feiern. Sie kehren Meinem Sohn Jesus Christus immer noch den Rücken zu. Sie erkennen die Handkommunion als wahre Kommunion an, obwohl sie einem Sakrileg gleichkommt.

Ich, die Himmlische Mutter, möchte, dass Meine Priestersöhne sich Meinem Unbefleckten Herzen weihen, damit sie endlich alle geschützt sind und sich unter Meinem Mantel geborgen fühlen. Wie viele Priester werden in den ewigen Abgrund hinabstürzen, weil sie sich gegen diese Informationen auflehnen, die Ich, als Himmlische Mutter, dir, Meiner Kleinen, gebe, die du weitergibst und in die Welt hinaus schreist. Sie möchten auf keinen Fall ihre Macht verlieren und ihre finanzielle Lage gesichert sehen. Sie meinen, das nicht zu können, wenn sie an die Botschaften glauben.

Doch der Himmlische Vater hat alles in der Hand. Er schützt Seine Priestersöhne und sie bekommen das, was ihnen zusteht. In jeder Weise sind sie abgesichert. Doch leider glauben sie nicht daran. Wie oft habe Ich ihnen gesagt, sie sollen Meinen Priestersohn in Mellatz nachahmen. In jeder Weise liegt er in der Wahrheit. Seine finanzielle Seite ist gesichert und er ist geschützt. Und so sollen es auch Meine Priestersöhne, die in der Wahrheit liegen, tun.

Heute, an diesem 13., Meine geliebten Marien- und Vaterkinder, hat eure Mutter die Hand über euch gehalten. Ihr seid unter Meinem Mantel geborgen. Ich nehme euch an die Hand und gehe diesen schwersten Weg mit euch. Aber Ich wünsche von allen Meinen Marienkindern, dass sie ihr Kreuz auf sich nehmen und es nicht abwerfen, weil es ihnen zu schwer erscheint. Ich trage dieses Kreuz mit, Meine geliebten Marienkinder und bitte euch eingehend, tragt es und sagt dem Himmlischen Vater ein bereites Ja! Für jede Person ist ein Kreuz bestimmt, so wie es im Plan des Himmlischen Vaters steht. Er wünscht, dass alle Vater- und Marinenkinder das Kreuz auf sich nehmen und es vorbildlich tragen.

Und nun, Meine geliebten Kinder, segne Ich euch mit der ganzen Himmlischen Heerschar und mit allen Heiligen, in der Dreieinigkeit, im Namen des Vaters und des Sohnes und des Heiligen Geistes. Amen. Ihr steht im Schutz des Himmlischen Vaters und im Schutz des gesamten Himmels. Seid bereit, dem Himmlischen Vater die Treue zu halten bis zum letzten Augenblick eures Lebens. Amen.

22. November 2015 – Letzter Sonntag nach Pfingsten. Der Himmlische Vater spricht nach der Heiligen Tridentinischen Opfermesse nach Pius V. in der Hauskirche in Göttingen durch Sein Werkzeug und Tochter Anne.

Anne: Im Namen des Vaters und des Sohnes und des Heiligen Geistes. Amen. Wir haben heute den letzen Sonntag nach Pfingsten gefeiert. Nun beginnt das neue Kirchenjahr. Der Opferaltar und auch der Marienaltar waren in gleißendes silbernes und goldenes Licht getaucht. Die Engel zogen in der Hauskirche in Göttingen ein und aus. Die Gottesmutter war als Fatima-, als Rosa Mystica, als Rosenkönigin und als Unbefleckt Empfangene Mutter und Königin vom Sieg erschienen. Ich habe sie alle unterscheiden können. Die Tabernakelengel wurden während der Heiligen Opfermesse angestrahlt, weil sie das Allerheiligste besonders verehrten.

Der Himmlische Vater wird heute sprechen: Ich, der Himmlische Vater, spreche jetzt und in diesem Augenblick durch Mein williges, gehorsames und demütiges Werkzeug und Tochter Anne, die ganz in Meinem Willen liegt und nur Worte wiederholt, die aus Mir kommen.

Geliebte kleine Schar, geliebte Gefolgschaft, geliebte Gläubige, geliebte Pilger von nah und fern, ihr alle seid gemeint, weil ihr im wahren Glauben lebt und alles befolgt, was diese Botschaften aussagen.

Meine geliebten Vaterkinder, Meine geliebten Marienkinder, wie sehr habe Ich heute diesen letzten Sonntag nach Pfingsten ersehnt. Noch einmal in diesem Kirchenjahr, wollte Ich Meine Priestersöhne aufklären über den wahren Glauben, über die Heilige Opfermesse, denn nur sie ist die einzig wahre Opfermesse. Ihr, die ihr an die Botschaften glaubt und sie befolgt, liegt in der Wahrheit. Alles, was heute gesagt wird, entspricht der vollen Wahrheit. Ich, der Himmlische Vater, möchte es heute noch einmal betonen.

Es werden falsche Propheten auftreten. Ja, Meine Geliebten, so steht es in der Bibel. Doch mit den falschen Propheten sind nicht Meine Auserwählten gemeint, sondern die, die gegen Meine Auserwählten vorgehen, sie verachten und ihnen die Ehre nehmen. Das ist ein Unterschied, Meine Geliebten. Ihr werdet als falsche Propheten bezeichnet, ja als Sekte und doch sprecht ihr die Wahrheit. Ihr glaubt an Meine Worte, ihr beachtet sie und befolgt sie. Jedes Wort, das Ich euch sage, ist euch wichtig, ja ihr saugt es mit eurem Herzen auf. Ihr seid so hell erleuchtet, dass ihr es kaum fassen könnt. Das Licht kommt von Mir, dem Dreieinigen Gott, in euer Herz hinein. Es leuchtet jeden Winkel eures Herzens aus. Seid dankbar für jedes Wort, das Ich euch schenke, besonders an diesem letzten Sonntag im Kirchenjahr.

Weil Ich euch so sehr liebe, spreche Ich zu euch, um euch im wahren Glauben heranzubilden. Ihr könnt es nicht fassen, was jetzt in der Welt geschieht und in der heutigen Kirche, die man immer noch die eine, Katholische Kirche nennt. Sie kann es nicht sein, Meine Geliebten, denn Sünde auf Sünde häuft sich in dieser Kirche. Meine Priestersöhne achten nicht auf Meine Worte, im Gegenteil, sie verachten sie, ja sie gehen mit Hass gegen Meine Boten vor, obwohl Ich ihnen mit viel Liebe entgegeneile, weil Ich Sehnsucht in Meinem Herzen nach jedem einzelnen Priester habe. Ich sehne Mich nach jedem Priester. Das möchte Ich betonen und auch wiederholen. Jeder Einzelne ist Mir wichtig, denn Ich habe ihn erwählt und vorherbestimmt, das heißt, er war von Anfang an auserwählt. Was ist nun aus ihnen geworden?

Die gesamte Katholische Kirche darf sich nicht mehr katholisch nennen, weil sie vollkommen zerstört am Boden liegt. Nichts ist von dieser Kirche übrig geblieben als Zerstörung, als Chaos. Einmal wollte Ich euch die wahre Kirche, die Ich mit Meinem Blut, mit Meinem Kostbaren Blut erkauft habe, schenken, aber was ist nun von ihr übriggeblieben, Meine Kinder?

Wie sehr leidet eure Himmlische Mutter darunter. Wie viele Tränen hat Sie um diese Kirche bereits geweint. Mein Kostbares Blut ist geflossen, aber durch viele Priesterherzen vergeblich. Wie oft habe Ich an ihre Herzenstüren geklopft. Wie oft war Ich zum Bettler geworden, zum Bettler ihrer Seelen. Doch sie haben weiterhin ihre Herzenstüren verschlossen gehalten und für den Bösen, für Satan, geöffnet. Er konnte hineingehen und konnte sie verwirren und in die Irre führen. Zum Chaos ist alles geworden. Es ist für euch alle unbegreiflich.

Wie viele Botschaften und Einsprechungen sind vorausgegangen. Sechs Bücher sind bereits im Handel, die alle der vollen Wahrheit entsprechen. In allen Büchereien kann man sie unter dem Titel: ‚Der Himmlische Vater spricht', erhalten. Man kann Meine Worte nachlesen. Dies sind Worte der Wahrheit. Man kann sie nicht widerlegen, denn alles entspricht der Bibel. Es sind Ergänzungen der Bibel. Doch man missachtet leider Meine wahren Worte.

Für euch, Meine geliebten Kinder, die ihr sühnt, opfert und betet für die vielen Priestersöhne, ist es unverständlich, dass sie nicht umkehren wollen. Aber es geht hier um ihre Macht und ihr Geld. So sieht es aus. Sie sollen sich jedoch ganz Mir, dem Himmlischen Vater in der Dreieinigkeit, mit Herz, Sinn und Verstand hingeben. Und wo ist ihr Verstand geblieben, wenn sie heute noch sagen: „Wir haben die Bibel, wir benötigen die ergänzenden Worte des Himmlischen Vaters nicht, denn wir kennen die Wahrheit." Und doch kennen sie sie nicht. Sie haben nichts verstanden von dem, was Ich ihnen so oft durch Meine Boten erklärt habe, die sich ganz Mir hingegeben haben, so wie es Meine kleine Anne immer wieder erneut tut. Sie lebt das Leben der Sühne, des Opfers und des Gebetes mit ihrer kleinen Schar. Sie gibt nicht auf, auch nicht in den schwersten Leiden, die sie im Augenblick zu ertragen hat. Ihre kleine Schar stützt sie in jeder Lage.

Nichts ist ihr ferner, als das Sühneleiden aufzugeben. Ich klopfe immer wieder an ihre Herzenstür und sie gewährt Mir Einlass, damit Ich die Gnadenströme ausschütten kann, weit über ihre Herzensmitte hinaus. Die liebste Gottesmutter sorgt für diese Ströme, damit sie weiter fließen. Sie sollen viele Priestersöhne erreichen. Das ist Mein Wunsch und auch der Herzenswunsch Meiner kleinen Botin. Sie wird sühnen, so wie Ich es von ihr erwarte. Sie erfüllt Meinen Plan und ist fern von ihren eigenen Wünschen. Meine Liebe ist in ihr, denn Ich liebe sie von ganzem Herzen. Auch ihre kleine Schar wird überaus geliebt von Ewigkeit her, denn Ich habe sie bestimmt für diese Aufgabe. Alles wird sich nun ereignen, was vorausgesagt ist in der Apokalypse. Es wird nun seine Erfüllung finden. Ihr könnt es nicht verstehen, Meine Geliebten, was geschehen wird.

Die Sonne und der Mond werden nicht mehr scheinen. Die Sterne werden vom Himmel fallen. Es wird sich ein gewaltiger Sturm entfachen und Feuer wird vom Himmel fallen. Die Engel werden mit der Posaune Meinen Eingriff kundtun. Ja, so wird es sich ereignen, Meine Geliebten. Alles, wie Ich es gesagt habe, wird sich erfüllen. Das könnt ihr nicht verstehen. Nicht einmal im Entferntesten könnt ihr euch vorstellen, was geschehen wird. Ich spreche zu den Vielen, die heute glauben, die diese Botschaften ernst nehmen, die sie befolgen und bezeugen, die keine Ängste entwickeln, sie weiterzugeben, sondern im Gegenteil, sie als die Wahrheit verbreiten. Die Wahrheit vollzieht sich in ihren Herzen. Meinen Boten und Meiner Gefolgschaft, die an Meine Botschaften glauben, wird man es an ihrer Ausstrahlung ansehen, wie tief ihr Glaube ist. Sie werden diese Strahlen der Liebe weitergeben. Man wird es ihnen ansehen, was in ihrem Herzen vor sich geht. Weil Ich sie liebe, weil Ich sie auserwählt habe, glauben sie. Sie wollen Mein Zeugnis weitergeben, Mein Zeugnis der Wahrheit, trotz aller Widerstände.

Meine Geliebten, gebt nicht auf in dieser letzten Zeit, die die Schwere des Kreuzes birgt. Meine Himmlische Mutter wird euch stützen, weil Sie euch unsagbar als eure Himmlische Mutter liebt. Ihr Unbeflecktes Herz umgibt eure Seele. Sie möchte durch euch viele Priester erreichen, weil Sie ihre Priestersöhne so sehr liebt. Sie ist die Mutter aller Priester und Sie möchte es bleiben. Sie möchte an die Herzenstüren ihrer Priester anklopfen, damit sie diese öffnen für die Liebe des Himmlischen Vaters in der Dreieinigkeit. All Ihre Priestersöhne möchte Sie zum Himmlischen Vater führen. Das ist Ihr Wunsch und Ihr Ziel. Mit Sehnsucht schaut Sie auf dieses Ziel. Geliebte kleine Schar, gebt die Botschaften trotz aller Widerstände weiter, da, wo es angebracht ist.

Achtet auf den Bösen. Seid wachsam, denn der Böse geht um wie ein brüllender Löwe. Schon der Nächste, der euch begegnet, kann vom Bösen sein. Manchmal erahnt ihr es nicht. Doch Ich werde euch aufklären. Ich, der Himmlische Vater, lasse euch in dieser Ungewissheit nicht allein. Denkt immer daran, dass aus dem Guten nur Gutes hervorgehen kann und aus dem Bösen nur das Böse in Erscheinung tritt. Ihr birgt das Gute in eurem Herzen. Ihr wollt das Gute weitergeben. Bedenkt, dass der Andere nicht immer vom Guten sein kann. Seid also wachsam!

Ich liebe euch und Ich danke euch für all eure Bereitschaft, die ihr bis jetzt gezeigt habt, alles zu sühnen, zu eropfern und zu erbeten, was in Meinem Plan vorgesehen ist. Der Himmlische Vater beschützt euch als Seine Vaterkinder und als Seine Marienkinder in Liebe und Dankbarkeit.

Und so segne Ich euch am heutigen Sonntag mit allen Engeln und Heiligen in der Dreieinigkeit, im Namen des Vaters und des Sohnes und des Heiligen Geistes. Amen. Die Liebe umgibt euch, die Liebe des Allerheiligsten Herzens Jesu und Mariens. Im Allerheiligsten Altarssakrament seid ihr geborgen. Amen.

29. November 2015 – Erster Adventssonntag. Der Himmlische Vater spricht nach der Heiligen Tridentinischen Opfermesse nach Pius V. in der Hauskirche in Göttingen durch Sein Werkzeug und Tochter Anne.

Anne: Im Namen des Vaters und des Sohnes und des Heiligen Geistes. Amen. Ihr habt heute den ersten Adventssonntag begangen und die Heilige Opfermesse in aller Ehrfurcht an diesem besonderen Tag, dem Beginn des neuen Kirchenjahres, gefeiert.

In der Hauskirche befanden sich viele Sterne. Die Atmosphäre war eine besonders heilige. Die Engel zogen ein und zogen aus. Sie gruppierten sich um den Tabernakel, um den Opferaltar und auch um den Marienaltar. Das Kleid der Muttergottes war mit vielen Sternen und auch mit kleinen weißen Perlen und Diamanten geschmückt. Die Tabernakelengel beteten das Allerheiligste an.

Der Himmlische Vater wird sprechen: Ich, der Himmlische Vater, spreche jetzt und in diesem Augenblick durch Mein williges, gehorsames und demütiges Werkzeug und Tochter Anne, die ganz in Meinem Willen liegt und nur Worte wiederholt, die aus Mir kommen.

Geliebte kleine Schar, geliebte Gefolgschaft, geliebte Gläubige und geliebte Pilger von nah und fern, euch alle meine Ich. Ihr dürft heute diese besondere Botschaft empfangen, weil ihr glaubt, weil ihr den Einzigen, Wahren, Katholischen und Apostolischen Glauben vorlebt. Viele wissen heute nicht mehr, wie es um den katholischen Glauben steht. Sie können nicht mehr auseinander halten, was katholisch, was protestantisch und was ökumenisch oder andersgläubig ist. Der wahre katholische Glaube hat sich leider mit den anderen Religionen vermischt. Und so ist es für viele nicht mehr möglich, dieses rein Katholische zu erkennen. Aber Ich, der Himmlische Vater, lehre euch immer wieder die Wahrheit.

Die Wahrheit bedeutet, dass ihr erkennt, dass Ich der Dreifaltige Gott bin, der alles umfassende Gott, der in der Allgewalt, Allmacht und Allwissenheit wirken kann und wirken wird. Nicht mehr lange wird es dauern, Meine geliebten Kleinen, die ihr darauf wartet, bis dieser Eingriff stattfindet.

Wie ihr heute gehört habt, werden die Sterne vom Himmel fallen, die Sonne und der Mond werden sich verfinstern und ein gewaltiges Brausen wird zu hören sein. Viele Zeichen werde Ich euch noch geben, bevor Mein Eingriff stattfindet.

Ich liebe euch, weil ihr Mich tröstet durch all eure Gebete, durch all eure Sühne und Opfer. In der Liebe, Meine Geliebten, ist alles enthalten. Die Liebe ist ausschlaggebend für euch, Mich, den Dreifaltigen Gott, in aller Ehrfurcht im Allerheiligsten Altarssakrament anzubeten, wie ihr es auch heute am ersten Advent getan habt.

In eure Herzen ist ein Licht eingekehrt. Die Finsternis musste weichen. Der Böse hatte keinen Zugriff, denn das Licht überstrahlte alles. Wie dankbar sind die vielen Gläubigen, die wissen, dass es nur den einen, Einzigen, Wahren, Katholischen Glauben gibt. Sie bereiten sich in dieser Adventszeit auf das Kommen des Heilandes vor. Ja, jedes kleine Opfer, das ihr bringt, macht dem Heiland Freude.

Ihr haltet eine Novene zu Ehren der Unbefleckten Empfängnis Mariens, damit ihr diese Weihestunde am 8. Dezember würdig begehen könnt. Die Gottesmutter wird sich freuen. Ja, auch dies ist eine Vorbereitung auf das Weihnachtsfest. Was bedeutet eigentlich Weihnachten, Meine Geliebten?

Besinnung, damit der Heiland in eure Herzen einkehren kann und eure Herzen weit werden von Seinem Licht und im Glanz des Himmels erstrahlen.

Wie ihr wisst, ist Chaos und Zerstörung in Meine Katholische Kirche eingekehrt. Sie ist nicht mehr Meine wahre Kirche, und man kann keinen katholischen Glauben mehr erkennen. Man hat versucht, diesen Wahren, Katholischen Glauben auszulöschen. Dies geht jetzt von den Moslems aus. Leider muss Ich sagen, dass sie versuchen, den Glauben und Meine wahre Katholische Kirche zu zerstören. Das lasse Ich nicht zu, denn es ist Meine Einzige, Heilige, Katholische und Apostolische Kirche und Ich Bin der Dreifaltige Gott, der Himmlische Vater in der Dreieinigkeit.

Ich freue Mich über alle Meine Vaterkinder und über alle Meine Marienkinder, die Mir die Liebe im Glauben, im Vertrauen und in der Treue beweisen. Wie sehr habt ihr Mir bereits gezeigt, dass ihr Mich liebt, dass ihr in all den Drangsalen und in allem, was im Augenblick um euch herum geschieht, nicht aufgebt. Es ist kaum zu fassen, was man mit dieser Katholischen Kirche anstellen will. Sie ist zwar schon zerstört, aber noch immer versucht Satan, weiterhin in diese Kirche einzubrechen.

Meine geliebten Gläubigen, glaubt ihr wirklich, dass Satan die Macht hat, alles zu zerstören oder bin Ich immer noch der große, gewaltige, allmächtige Himmlische Vater? Alles, was Satan versucht, liegt im Bösen. Doch das Gute ist nicht fern, denn Ich, der Himmlische Vater, schare Meine Vaterkinder und Marienkinder um Mich, weil Ich sie liebe, und weil die Himmlische Mutter sie vor allem Bösen beschützen wird. Der Heilige Erzengel Michael ist bereit, alles Böse abzuhalten, alles, was euch schaden kann. Ihr seid doch Meine geliebten Kinder.

Glaubt Mir, Meine Geliebten, Ich nehme euch an Mein liebendes Vaterherz. Eure Mutter wartet darauf, euch unter Ihrem weiten Schutzmantel zu bergen, um euch vor Satans List und Tücke zu schützen. Er wird es nicht fertig bringen, euch so in die Enge zu treiben, dass ihr nicht mehr glauben könnt, denn der Glaube ist doch das Wichtigste, Meine Geliebten. Ihr glaubt, ihr vertraut und ihr beweist Mir eure Treue, besonders heute an diesem ersten Adventssonntag, dem ersten Tag, an dem das Licht in euren Herzen entbrannt ist. Licht ist auch Liebe. Wo Licht ist, da ist die Liebe inbegriffen. Die Dunkelheit musste weichen aus euren Herzen, weil die Liebe das Wichtigste in eurem Glauben ist. Liebe und Treue gehören zusammen.

So sollt ihr weiterhin in der Treue zusammenstehen. Dann, wenn Satans List und Macht euch umgeben will, sagt ihr: „Ja Vater, in unsere Herzen ist dieses Licht eingekehrt, und das Licht der Adventszeit soll uns den Weg weisen, den Weg zur Krippe, der mit Opfern versehen ist. Doch wir wollen uns auch freuen in diesen Tagen, in denen wir die Adventslieder mit Andacht singen können, um dem Himmlischen Vater eine Freude zu bereiten."

Ich danke euch für all die Liebe, die ihr Mir an diesem hochheiligen ersten Advent entgegengebracht habt. Danke für eure Liebe und für eure Treue. Euer Himmlischer Vater ist immer bereit, euch in jeder Lage beizustehen und euch nie zu verlassen. Ihr seid die geliebten Vaterkinder und die geliebten Marienkinder. So segne Ich euch nun in aller Dankbarkeit und Treue, mit allen Engeln und Heiligen, besonders mit eurer liebsten Himmlischen Mutter, der Unbefleckt Empfangenen Mutter und Königin vom Sieg, im Namen des Vaters und des Sohnes und des Heiligen Geistes. Amen. Ihr seid geliebt von Ewigkeit her. Freuet euch, denn euer Lohn im Himmel wird groß sein! Amen.

5. Dezember 2015 – Herz-Mariä-Sühnesamstag. Die Gottesmutter spricht nach dem Zönakel und der Heiligen Tridentinischen Opfermesse nach Pius V. in der Hauskirche in Göttingen durch Ihr Werkzeug und Tochter Anne.

Anne: Im Namen des Vaters und des Sohnes und des Heiligen Geistes. Amen. Wir haben heute das Zönakel gefeiert. Der Opferaltar, der Marienaltar, die gesamte Hauskirche in Göttingen und auch das Krankenzimmer waren in ein helles gleißendes Licht getaucht. Die Kerzen leuchteten den ganzen Raum mit ihrem hellen Schein aus. Die Tabernakelengel hielten brennende Kerzen in ihren Händen. Der Marienaltar war heute besonders geschmückt mit Engeln, Kerzen und Blumen. Es war eine heilige Atmosphäre auch im Krankenzimmer, die nicht zu überbieten war. Wir alle spürten, dass sich hier der heilige Ort des Zönakels befand.

Die Himmlische Mutter wird sprechen: Ich, eure Himmlische Mutter, werde jetzt und in diesem Augenblick durch Mein williges, demütiges und gehorsames Werkzeug und Tochter Anne sprechen, die ganz im Willen des Himmlischen Vaters liegt und heute Worte wiederholt, die aus Mir, eurer Himmlischen Mutter, kommen.

Meine geliebte kleine Schar, Meine geliebte Gefolgschaft, Meine geliebten Pilger von nah und fern, besonders von Heroldsbach und Wigratzbad, Meine geliebten Marienkinder und Vaterkinder, alle, die ihr an diese Botschaften glaubt und sie befolgt, seid heute besonders aufgerufen, in den Kampf zu ziehen.

Ja, Meine geliebten Kinder, ihr habt es in der Fraternita vernommen, dass ihr euch im Kampf befindet. Aber ihr kämpft nicht allein, Meine Geliebten, eure Himmlische Mutter geht euch voran und lässt euch nicht los, denn Sie bietet euch Ihre segnende Hand an und hält euch fest. Meine Engel, geliebte Kinder, stehen hinter Mir und stehen hinter euch.

Was bedeutet nun wirklich dieser gewaltige Kampf? Welche Waffen habt ihr, Meine Kinder? Habt ihr sie in der Hand? Ja! Ich bedanke Mich bei euch für die vielen Rosenkränze, denn sie sind eure Waffen, die ihr jeden Tag fest in eurer Hand haltet. Satan hasst diesen Rosenkranz. Schon, wenn ihr bereit seid, diesen beten zu wollen, so möchte er auf den Plan treten und euch davon abhalten, denn ihr seid ja unvollkommen. Ihr frönt oft eurer Bequemlichkeit. Aber dann seid ihr auch wieder bereit, mehrere Rosenkränze zu beten, um Mir, eurer Himmlischen Mutter, eine große Freude zu bereiten und dem Satan den Rosenkranz entgegenzuschleudern. Ihr seid voller Liebe und er setzt euch seinen Hass dagegen. Doch wer wird siegen in diesem Kampf gegen den Satan, den ihr zusammen mit Mir, eurer Himmlischen Mutter, führt? Ihr, Meine Marienkinder, ihr, Meine Vaterkinder! Lasst eure Waffe nicht los und kettet den Bösen an ihr fest. Er möchte euch auf jeden Fall davon abbringen, die Rosenkränze weiterhin zu beten. Und doch wird er es nicht schaffen, denn Ich, eure Himmlische Mutter, eifere immer danach, dass ihr Mir viele Rosenkränze schenkt, um die bösen Geister abzuhalten. Das ist eure größte Waffe. Bedenkt, dass der Böse immer wieder versuchen wird, euch davon abzubringen. Einige lassen sich davon beeinflussen und werden bequemer im Beten. Doch ihr, Meine geliebten Kinder, ihr eifert danach, Mir eine Freude zu bereiten.

Und dafür danke Ich euch heute ganz besonders in diesem Zönakel, denn ihr seid mit Mir in den Pfingstsaal eingetreten. Die Fraternita hat es euch deutlich gemacht, wie wichtig doch der Rosenkranz ist, dass ihr ihn oft und gerne betet. Liebevoll schaut ihr auf Mich und Ich schaue auf euch voller Dankbarkeit. Ich schaue in eure Augen, die vor Liebe glänzen. Dieser Glanz kommt von Mir, eurer Himmlischen Mutter, weil ihr dem

Bösen weiterhin den Kampf ansagt. Alles, was vom Bösen kommt, ist voller Hass. Der Böse möchte euch jetzt im letzten Kampf davon abbringen, das Gute zu tun. Das Böse ist leichter zu tun für die Menschen, die nicht glauben. Aber wer wird glücklich? Ihr, Meine geliebten Marienkinder. Ihr seid glücklich, wenn ihr den Rosenkranz in die Hand nehmt und Mir und dem Himmlischen Vater in der Dreieinigkeit so viel Freude bereitet, dass ihr immer wieder erneut sagt: „Wir treten in den Kampf hinein. Wir haben die liebe Gottesmutter."

Ihr habt Mich, Meine geliebten Kinder, eure geliebte Himmlische Mutter, die Unbefleckt Empfangene. Diese Kraft, die von Mir ausgeht, durchstrahlt jeden kleinsten Winkel eures Herzens, damit es in euch heller und heller wird, denn ihr befindet euch in der Adventszeit, in der Besinnungszeit auf das Weihnachtsfest, auf die Geburt Jesu Christi Meines Sohnes. Ihr dürft euch freuen auf dieses Fest, auch wenn es im Augenblick so ausschaut, als ob euch alle verlassen würden, denn was das Internet aussagt ist so grauenvoll, dass eure Herzen sich nicht erfreuen können, wenn Ich euch, eure Himmlische Mutter, nicht diese neue Kraft vermitteln würde. Diese Kraftquelle lasst bitte nicht los, sondern lasst sie tiefer in euer Herz hineinströmen, denn die Waffe gegen den Bösen ist und bleibt nun mal der Rosenkranz.

Ja, ihr könnt es euch gar nicht vorstellen, wie weit diese Waffe reicht. Sie befindet sich nicht nur in eurem Umkreis, wo ihr gerade seid, sondern weit darüber hinaus. Ihr könnt es euch nicht vorstellen, wie weit diese Kraftquelle des Rosenkranzes reicht. Das Licht soll heller werden in euren Herzen. Es soll auch die anderen erleuchten, vor allen Dingen die Priester, die immer noch nicht bereit sind, diesen Rosenkranz zu beten. Warum? Weil sie meinen: „Das ist nichts für mich. Das ist altertümlich." Nein, Meine Kinder. Es ist das Beste und Größte, das Ich Meinen geliebten Priestersöhnen anbieten kann. Diese Waffe haben sie heute bitter nötig. Und diese Waffe biete Ich ihnen immer wieder erneut an. Nehmt den Rosenkranz zur Hand, Meine geliebten Priestersöhne, dann seid ihr nicht nur geschützt, sondern ihr kämpft. Und in diesem Kampf steht ihr nun, die ihr bereit seid, umkehren zu wollen.

Eure Himmlische Mutter ist gern bereit, euch an die Hand zu nehmen und euch alle Gnaden zu vermitteln, denn Ich bin die Aller-Gnaden-Vermittlerin. Ich werde dem Himmlischen Vater eure Sorgen vortragen und ihr werdet bereit sein können, den Willen und Plan des Himmlischen Vaters zu erfüllen, nämlich Seine Heilige Opfermesse in der vollen Wahrheit und in der vollen Gnadenfülle zu feiern.

Der Eingriff des Himmlischen Vaters rückt immer näher. Meine geliebten Kinder, wie oft habe Ich euch darauf aufmerksam gemacht, dass der Himmlische Vater eingreifen wird. Ja, Er wird eingreifen, aber ganz anders, wie ihr es euch vorstellen könnt und wie es der Himmlische Vater in Seinem Plan vorgesehen hat. Doch ihr glaubt und vertraut und bittet den Himmlischen Vater, dass Er euch helfen möge, auch dann, wenn ihr nichts versteht und wenn die Wege des Himmlischen Vaters für euch unergründlich sind. Sie bleiben unergründlich aber wahr.

Die Wahrheit, Meine Geliebten, hasst der Teufel. Er ist die Lüge in Person. Gebt acht, Meine geliebten Kinder und meidet den Kontakt mit denen, die in schwerer Sünde leben, denn sie möchten euch abbringen vom wahren Weg. Es gibt nur einen Weg der Wahrheit, nämlich den, der im wahren katholischen Glauben liegt. Alle anderen Religionsgemeinschaften sind nicht in der Wahrheit und sind teuflisch.

Es gibt nur eine Einzige, Wahre, Heilige, Katholische und Apostolische Kirche. Und dabei bleibt es! Alle möchte Ich auffordern, durch Mein Unbeflecktes Herz siegen zu wollen. Jedem werde Ich die Hand reichen, der sie nach Mir ausstreckt, denn Ich bin die Königin aller Priester, und Ich lasse niemals einen Priester allein, der bereit ist, seine Schuld zu bekennen, zu beichten und neu zu beginnen. Ich, die Himmlische Mutter, werde ihm willig die Hand reichen und werde ihn vor Freude umarmen, denn der verlorene Sohn ist dann beim Himmlischen Vater sicher, wohin Ich ihn führen werde.

Alle Meine Priestersöhne sind Mir wichtig. Um jeden einzelnen kämpfe Ich, und danke euch schon jetzt für die vielen Rosenkränze, durch die ihr so viele Priester bereits vor dem ewigen Untergang gerettet habt. Ihr werdet diese Priester nicht kennen lernen. Sie werden sich nicht bei euch bedanken aber ihr dürft vertrauen, dass euer Himmlischer Vater kein Gebet ins Leere gehen lässt. Jedes Gebet und sei es auch noch so klein, ist fruchtbar für jeden einzelnen Priestersohn. Und um diese Priestersöhne kämpft eure Himmlische Mutter mit ihren geliebten Marienkindern. Wie dankbar bin Ich, dass ihr Mich als eure Himmlische Mutter erwählt habt, die voll der Gnaden ist, aus denen ihr leben dürft. Wo Gnade ist, da ist Leben. Dort hat der Böse keinen Einlass. Eure Türen sind dann für ihn verschlossen. Auch wenn er es noch so listig versuchen würde, sie aufzuschließen, so würde er es nicht schaffen, denn wer sich Mir, der Himmlischen Mutter, angeschlossen hat, der ist auf dem besten und sichersten Weg, und er wird mit Mir in den Kampf ziehen und durch Mein Unbeflecktes, Mütterliches Herz siegen.

Schaut auf diese Gnadenfülle und bedenkt, dass Ich euch führe und dass Billionen von Engeln hinter Mir stehen und auch gleichzeitig hinter euch. Beschützt seid ihr von allen Seiten, auch besonders von eurem geliebten Heiligen Erzengel Michael. Welche Kraftfülle schöpft ihr aus dieser Heiligen Opfermesse, die ihr auch heute, am Tag Meines Zönakels, feiern durftet. Und du, Meine Kleine, hast noch ein großes Sühneleiden und trotz allem bist du bereit, dieses zu tragen und auch zu erleiden und durchzustehen. Bis zum Ende hast du gesagt, wirst du durchhalten und dein williges Ja sagen. Dafür danke Ich dir und deiner kleinen Schar und der Gefolgschaft, die hinter dir steht mit einer großen Gebetsgruppe. Jedes Gebet ist kraftvoll und hilft dir, Meine geliebte Kleine.

Nochmals möchte Ich Mich bedanken für all eure Liebe, die ihr Mir, euer liebsten Mutter, entgegenbringt, besonders auch an diesem heutigen Tag. Dieser Tag ist zu Meinem Festtag geworden, weil ihr, Meine geliebten Marienkinder, hinter Mir steht, weil ihr Mir beweist, dass ihr Mich wirklich liebt, dass ihr alles auf euch nehmt und nehmen wollt, was euch schwerfällt. Eure liebste Mutter lässt euch nicht allein. Das ist eure Sicherheit. Und diese Sicherheit macht euch wertvoll, wertvoll in euren Herzen. Eure Herzen sind miteinander verbunden, wenn ihr den Rosenkranz betet. Dann sind es eine Kette von Perlen, eine Kette von Gläubigen, die nicht loslassen, auch wenn Schweres sie treffen sollte. Sie werden sicher sein, dass sie den Sieg erringen, weil sie den Kampf wagen. Der Kampf ist nicht einfach. Er ist sehr beschwerlich. Das weiß jeder von Meinen Marienkindern. Trotzdem wird keines der Marienkinder verloren gehen, im Gegenteil, sie werden gestärkt in den Kampf ziehen und mit Mir, dem Unbefleckten Herzen, siegen. Das Unbefleckte Herz, Meine geliebten Kinder, hat eine gewaltige Kraft. Und diese Kraft werdet ihr in euren Herzen spüren. Dankt dem Himmlischen Vater, dass Er Mich euch zur Mutter gegeben hat, weil Er euch das Liebste schenken wollte, das Er hat. Er weiß, Meine geliebten Kinder, dass Sein Liebstes das Beste für euch ist.

So möchte Ich euch nochmals danken an diesem heutigen Tag, den ihr, Meine geliebten Kinder, zum Festtag gemacht habt. Danke für alle Liebe, die ihr Mir jeden Tag schenkt. Ich liebe, segne, beschütze und danke euch mit allen Engeln und Heiligen, in der Dreifaltigkeit, im Namen des Vaters, des Sohnes und des Heiligen Geistes. Amen.

Bleibt dem Himmel treu und steht auf der rechten Seite, dann seid ihr in jeder Lage geschützt und geliebt. Der Böse wird euch nichts anhaben können, denn er wird mit dem Rosenkranz gefesselt. Das ist eine Kette, die nie enden und die er weiterhin hassen wird. Aber die Liebe wird siegen! Amen.

6. Dezember 2015 – Zweiter Adventssonntag. Der Himmlische Vater spricht nach der Heiligen Tridentinischen Opfermesse nach Pius V. in der Hauskirche in Göttingen durch Sein Werkzeug und Tochter Anne.

Anne: Im Namen des Vaters und des Sohnes und des Heiligen Geistes. Amen. Heute habt ihr den zweiten Adventssonntag begangen. Ein Lichterbogen überspannte den gesamten Opferaltar. In dem Bogen wurde eine Kerze nach der anderen entzündet. Zwischen den einzelnen Kerzen funkelten kleine weiße Perlen. Der Marienaltar war reich geschmückt mit Blumen und Kerzen. Vor allen Dingen war in der Hauskirche eine heilige Atmosphäre, die alles überstieg. Darum haben wir heute diesen zweiten Adventssonntag festlich und voller Dankbarkeit gefeiert. Eine Heilige Opfermesse ist immer etwas ganz Besonderes.

Der Himmlische Vater wird sprechen: Ich, der Himmlische Vater, spreche jetzt und in diesem Augenblick durch Mein williges, gehorsames und demütiges Werkzeug und Tochter Anne, die ganz in Meinem Willen liegt und nur Worte wiederholt, die aus Mir kommen.

Geliebte kleine Schar, geliebte Gefolgschaft, geliebte Pilger von nah und fern und geliebte Gläubige, ihr alle, die ihr an Meine Weisungen glaubt und sie befolgt, seid heute aufgefordert, diese in euch aufzunehmen, denn Ihr werdet darauf vorbereitet. Meine geliebte kleine Schar, ihr seid die Vorboten des großen Weihnachtsfestes. Was bedeutet das für euch? Vorbote sein heißt auch, die Menschen zu warnen. Hat nicht der Heilige Johannes, der Vorbote Jesu Christi, die Menschen vor dem Bösen gewarnt? Achtet darauf, seid wachsam und glaubt daran, dass der Böse, um euch abzubringen und euch zu schaden, alles aufbieten will. Er versucht es an allen Ecken und Enden. Doch er wird es nicht schaffen, Meine Geliebten, weil ihr dem

Himmlischen Vater den Gehorsam erweist. Ihr werdet von Mir beschützt und geliebt, und vor allem werdet ihr von Mir aufmerksam gemacht. Mit eurem Verstand könnt ihr die List Satans nicht erkennen. Die List Satans ist jetzt so gewaltig, weil es dem Ende zugeht, Meine Geliebten, doch die Vorausschau des Himmlischen Vaters steht dagegen.

Ich, der Himmlische Vater, weise euch in die richtigen Bahnen, obwohl ihr vieles nicht erkennt und meint, das Gute zu tun, wenn ihr dem Anderen die Barmherzigkeit erweist. Barmherzigkeit hat viele Tücken. Man kann barmherzig sein und trotzdem dem Anderen schaden, weil man von einer falschen Sicht ausgeht. Nur der Himmlische Vater hat die wahre Vorausschau, da Er die Vergangenheit, Gegenwart und Zukunft miteinander verbindet, ihr aber nicht, Meine Geliebten. Ihr denkt nur, dass ihr dem Anderen im Augenblick eure Hilfe zuteil werden lassen müsst. Und da greift der Böse mit List und Tücke ein, und ihr könnt dadurch dem Anderen zusätzlich noch Schaden zufügen und auch euch selbst ebenfalls. Das erkennt ihr nicht, weil ihr nur eine geringe Vorausschau habt. Vieles ergreift ihr nicht mit eurem Verstand, denn das Gefühl steht bei euch im Vordergrund. Voller Gefühl wollt ihr dem Anderen helfen. Und genau das ergreift der Böse. Er greift ein und ihr würdet fallen, wenn euer Himmlischer Vater euch nicht in weiser Vorausschau warnen würde.

Überall, Meine geliebte kleine Schar, setzt der Böse bei euch an. Es ist ihm sehr wichtig, die kleine Schar zu Fall zu bringen. Das versucht er immer wieder aufs Neue durch ausgeklügelte Tücken, die ihr nicht erkennen könnt. Aber dafür ist Mir Meine geliebte kleine Schar zu schade, weil sie die Perlen sind, Meine wichtigsten Perlen. Ich wache über sie.

Jedes Buch ist eine Perle und die möchte Ich allen empfehlen. Sechs Bücher sind nun im Umlauf und sie dürfen bestellt werden. Jedes einzelne von diesen Büchern ist kostbar. Besorgt sie euch, denn es geht dem Ende zu, Meine Geliebten! Ich möchte euch warnen, und möchte euch durch Meine Weisungen den wahren einzigen Katholischen und Apostolischen Glauben vor Augen führen. Wie wichtig ist es doch, diese Botschaften zu befolgen, denn ihr, Meine Geliebten, könnt am Ende nichts mehr erkennen. Finsternis würde euch umgeben, wenn euch der Himmlische Vater nicht das Licht der Adventszeit schenken würde. Eure Herzen werden entzündet. Der Lichterbogen über dem Opferaltar hatte heute eine besondere Bewandtnis, weil ihr im Neuen Bund steht, dem Bund des Glaubens.

Einen Neuen Bund schließe Ich mit Meiner kleinen Schar und ihrer Gefolgschaft. Sie habe Ich ausersehen und auserwählt, wie auch Meinen geliebten Priestersohn. Viele Priester hätten jetzt die Möglichkeit gehabt, ihm nachzufolgen. Dann wäre vieles anders gelaufen.

Die Flüchtlingskrise ist eine Krankheit, ja, Ich möchte sie als Pest bezeichnen, die der Böse verursacht. Sie kommt vor allen Dingen über Deutschland und wird nicht gestoppt. Diese Krankheit ist hereingebrochen und man weiß nicht, wann sie ein Ende findet. Es geht ständig weiter im Bösen. Kann aus einem teuflischen Glauben etwas Gutes entstehen? Nein! Im moslemischen Glauben kann man sich selbst umbringen oder auch die anderen töten. Und das soll Glaubensgemeinschaft bedeuten? Eine Weltreligion soll es geben und somit ist dann der Katholische Glaube zerstückelt, ja in einzelne Teile zerlegt worden und niemand erkennt, wo der Katholische Glaube geblieben ist.

Wo ist das Ur-Katholische? Die Heilige Opfermesse soll als außerordentlich gelten. Das heißt, sie liegt außer der Ordnung. Die Priester sollen verweltlicht werden – außer der Ordnung. Ihr Priesterkleid sollen sie ablegen – außer der Ordnung. Sie sollen sich der Welt und den Menschen angleichen – außer der Ordnung. Sie sollen barmherzig sein, sie sollen Barmherzigkeit üben gegenüber dem Anderen. Wem gegenüber sollen sie barmherzig sein? Dem Anderen? Und wo bleibt dann euer Himmlischer Vater? Bin Ich nicht die Barmherzigkeit selber? Hat man Mich ganz außer Gefecht gesetzt? Haben Mich Meine auserwählten Priestersöhne ganz vergessen? Hat man nicht erkannt, dass Ich der einzige, wahre und Dreieinige Gott bin, der nur die Wahrheit und das Gute weitergeben kann? Das Überirdische hat man nun ausgelöscht. Und somit ist Finsternis über Deutschland eingekehrt. Und noch heute erkennt man nicht, dass man im Finstern weiter wandelt, dass man nicht einmal das Licht in dieser Adventszeit sucht. Licht muss kommen über Deutschland und ihr, Meine geliebte kleine Schar, seid das Licht, das die Welt erhellt. Ihr habt gemeinsam mit eurer geliebten kleinen Botin Anne eine Weltensendung bekommen. Das ist etwas ganz Besonderes für die ganze Welt. Ihr seid Vorboten auf das Weihnachtsfest aber auch Vorboten des Guten.

Eine Neue Kirche soll entstehen, eine glorreiche Kirche, denn die alte Kirche ist nicht mehr. Sie ist ein großer Scherbenhaufen geworden und man kann diese einzelnen Scherben nicht mehr zusammensetzen, denn man findet keinen Anfang und auch kein Ende. Doch ihr, Meine Geliebten, glaubt, betet und hofft, ihr seid mutig und schreitet weiter voran, obwohl ihr nichts seht, obwohl ihr nicht einmal erkennt, wo es weiter geht. Du, Meine Kleine, sagst: „Ja, lieber Vater, so wie Du willst, so ist es richtig und gut. Du machst alles in Ordnung, denn Du bist die Ordnung selber. Nichts vergisst Du, lieber Himmlischer Vater, und siehst auch gleichzeitig die Tücken des Bösen und warnst uns. Wir selbst sind unvollkommen und schwach. Doch gerade diese schwachen Menschen hast Du erwählt, weil sie die Demut üben."

Die Priester haben sich dem Stolz hingegeben. Sie sind deshalb nicht fähig, in die Neue Kirche einzutreten, weil sie diese Kirche erneut zerstören würden. Zunächst müssen sie erkennen, dass sie niemals die Wahrheit in diesem Scherbenhaufen gesucht haben. Sie haben den Irrglauben verbreitet, und das seit langem. Irrglauben und Unglauben ist in die Welt hineingekommen und man hört nicht auf damit, diesen weiter zu verbreiten.

Die gläubigen Menschen wissen nicht mehr wie es weitergeht. An wen kann ich mich heute noch wenden? Wo ist ein Priester, bei dem ich eine gute Beichte ablegen kann? Niemand ist bereit, heute den Menschen in seinen Sorgen beizustehen. Niemand ist bereit, Menschen, die vom Bösen besessen sind, zu befreien. „Es könnte mich ja selber treffen", so sagen es die Priester, „und was geschieht mit mir, wenn ich diesen Exorzismus vollziehe? Habe ich dann den Bösen selbst, und was wird auf mich zukommen?" Warum haben sie nicht das feste Vertrauen, dass sie geschützt werden, wenn sie den Menschen in ihrer unglaublichen Not helfen?

Die Nervenkliniken und die psychischen Anstalten sind voller böser Geister. Man hilft diesen Menschen nicht. Nein, man möchte ihnen medikamentös beistehen. Und das gerade ist das Gegenteil, was man erreicht. Die Menschen benötigen eine Aussprache. Sie wollen über ihre Leiden reden. Sie brauchen Menschen des Vertrauens. Und das schenkt man ihnen nicht. Man gibt ihnen stattdessen eine Tablette. Es wird dann schon gut werden. Aber das Gegenteil wird dadurch erreicht. Die Menschen werden abhängig von Drogen, Alkohol und anderen Süchten. Man bringt ihnen nicht das Gute bei. Im Gegenteil, man erkennt es nicht einmal.

Sollte ein Patient sich über den Glauben aussprechen wollen, so wird er als Phantast angesehen, das heißt, er phantasiert. Menschlich kann man dort nicht mehr vorgehen. Man erkennt es nicht, und auch nicht die List Satans. Immer weiter geht die Psyche bergab. Anstatt dass man der Seele des Menschen Nahrung gibt, gibt man ihm zusätzlich noch das Schlechte ein. Wohl denen, die eine Sühneseele kennen, die für sie leidet, betet und opfert.

Doch die Sühneseelen sollen sich distanzieren vom Bösen. Solange der Böse Macht über die einzelnen Gläubigen hat, sollen sich die Sühneseelen von diesen abtrennen. Das ist wichtig. Erkennt derjenige, der der Hilfe bedarf, den wahren Glauben im Anderen, so kann alles rückgängig gemacht werden, und man kann den Kontakt wieder aufnehmen. Solange aber der Böse die Wirkkraft im Anderen hat, sollte man sich von ihm entfernen. Das, Meine Geliebten, gebe Ich euch mit auf den Weg, weil das heute ganz wichtig ist.

Ihr, Meine geliebte kleine Schar, habt eine besondere Sendung für die ganze Welt und die habt ihr zu erfüllen. Das ist euer Hauptziel. Darauf müsst ihr euer Augenmerk richten. Lasst euch nicht abbringen vom wahren Glauben, vor allen Dingen nicht von der Wahrheit durch Menschen, die euch verwirren wollen. Ihr seid in der Wahrheit. Ihr sollt glauben und vertrauen, auch wenn ihr nichts seht und nichts erkennt, denn euer Himmlischer Vater wacht über alles, denn Ich möchte Meinen Plan und Meinen Wunsch erfüllt haben, durch Meine geliebte kleine Schar, die Ich nun vorbereite auf die größte Sendung der Welt und zusätzlich auf das besinnliche Weihnachtsfest. Eine Kerze nach der anderen wird in euren Herzen entzündet und es wird heller und heller in euch. Dieser Lichterbogen soll der Bogen des Neuen Bundes sein, in dem ihr eingebunden seid.

Gestern hat euch die Gottesmutter von der Kette des Rosenkranzes berichtet. Diese Kette besteht weiterhin. Lest diese beiden Botschaften von gestern und heute und nehmt sie als Kleinod mit in euer Herz hinein, denn sie sollen euch befruchten. Ihr könnt dadurch den wahren Glauben ausstrahlen auf ganz Deutschland, euer Vaterland.

Ich liebe euch, Ich segne euch und Ich schütze euch in jeder Lage. Seid wachsam und seid liebevoll und eines Sinnes. Das ist ganz wichtig, Meine Geliebten. Eines Sinnes im Heiligen Geist, dann kann euch nichts geschehen, denn die Braut des Heiligen Geistes umgibt euch mit Ihrem weiten ausgebreiteten Mantel, unter dem Sie Ihre lieben Marienkinder vor dem Bösen bergen will. Ich segne euch in der Dreifaltigkeit, mit allen Engeln und Heiligen, besonders mit eurer liebsten Himmlischen Mutter, im Namen des Vaters und des Sohnes und des Heiligen Geistes. Amen.

Betet weiterhin diese Novene und bereitet euch auf das Fest am Dienstag, den 8. Dezember, dem Fest der Unbefleckten Empfängnis, vor, denn ihr sollt dieses Fest als wahre Gnadenstunde feiern und nicht als die falsche Version der Barmherzigkeit.

8. Dezember 2015 – Fest der Unbefleckten Empfängnis der Allerseligsten Jungfrau Maria. Die Gottesmutter spricht nach der Heiligen Tridentinischen Opfermesse nach Pius V. durch Ihr Werkzeug und Tochter Anne.

Anne: Im Namen des Vaters und des Sohnes und des Heiligen Geistes. Amen. Heute haben wir das Fest der Unbefleckten Empfängnis gefeiert, das große Fest der Gottesmutter. Zu diesem Fest hat Sie einen riesigen wunderschönen weißen Rosenstrauß geschenkt bekommen mit blauen Blütenkelchen, so wie es mir die Gottesmutter vermittelte. Der Marienaltar war geschmückt mit diesen Rosen und mit Kerzen. Viele Engel waren anwesend. Ein wunderschöner Rosenduft erfüllte den gesamten Raum. Die Kerzen flammten auf und erstrahlten in einem orangefarbenen Licht. Während der Heiligen Opfermesse war die Gottesmutter besonders erfreut, dass wir Ihr zu diesem Fest die Ehre gegeben haben durch eine einstündigen Marienandacht, der Gnadenstunde.

Die Gottesmutter wird sprechen: Ich, eure Himmlische Mutter, spreche jetzt und in diesem Augenblick durch Mein williges, gehorsames und demütiges Werkzeug und Tochter Anne, die ganz im Willen des Himmlischen Vaters liegt und heute nur Meine Worte wiederholt.

Ich, eure Himmlische Mutter, bedanke Mich ganz besonders bei dir, Meiner geliebten Kleinen, denn du hast heute das Leid des Heilandes tragen dürfen. Jede einzelne Träne von dir war eine Kostbarkeit für den Heiland. Ich habe am meisten gelitten, denn wie kann eine Himmlische Mutter nicht leiden, wenn ihr liebstes Kind diese Schmerzen an Meinem Festtag trägt. Wie tapfer warst du, Meine Kleine, wie tapfer, denn du hast die Einsamkeit und Verlassenheit gefühlt. Mein Tränenstrom hörte heute nicht auf und wurde zu einem kleinen Blutstrom, als du auf deine Knie gefallen bist. Du bist diesen Kreuzweg mutig und tapfer gegangen. Mein Sohn Jesus Christus hat mit Seiner Mutter mit dir mitgelitten, weil du auch Seinen Fall, Seine Einsamkeit und Verlassenheit heute erlebt hast.

Danke, geliebte kleine Monika, für dein Mitleiden, für deine Tränen. Du hast als einzige dieses Leid tief empfunden. Du konntest nicht anders als mitleiden. Dein Herz war voller Trauer. Du hast deine Himmlische Mutter angefleht, sie möge doch Ihrer kleinen Sühneseele dieses Leid nehmen. Doch Ich, als Himmlische Mutter, sage dir, dass dieses Leid kostbar war. Kostbar, weil es von Meiner Kleinen angenommen wurde. Tränen der Liebe waren es, weil sie im Tränenstrom noch gebetet hat und nicht aufgehört hat, Mir, der Himmlischen Mutter, alles aufzuopfern, um mit Mir, an Meinem Festtag, den Kreuzweg zu gehen.

Ich bin die Unbefleckte Empfängnis. Als Unbefleckte Empfängnis bin Ich empfangen worden von Meiner Mutter Anna. Und ihr habt auch heute diese Mutter Anna geehrt mit dem Mutter-Anna-Gebet und Lied. Danke auch für dieses Gebet. Danke für die Gnadenstunde, danke für Mein Fest, das ihr Mir heute geschenkt habt.

Die Liebe war in deinem Herzen, Meine geliebte Kleine. Du hast geweint und hast nicht gewusst, wo du mit deiner Verzweiflung hin sollst. Diese Einsamkeit war schwer zu ertragen und doch hast du deinem Heiland und Schöpfer, deinem liebsten Jesus, dem du alles aufgeopfert hast, ja gesagt. Ich danke dir.

Ja, der Böse hat mitgewirkt. Der Böse wäre dankbar gewesen, wenn du heute diese Botschaft nicht entgegengenommen hättest. Er wollte dich stürzen, weil er merkte, dass deine Kraft am Ende war. Du warst der Ohnmacht nahe, und doch hast du gesagt: „Ja Vater, auch diese Botschaft werde ich überstehen. Diese Einsamkeiten opfere ich Dir auf." Ich wollte das Kreuz anheben, Meine geliebte Kleine, damit es dir nicht so schwer erschien. Deine liebste Mutter war bei dir. Du warst von vielen, vielen Engeln umringt. Und Ich, als Himmlische Mutter, möchte Mich bei dir und deiner kleinen Sühneseele Monika bedanken für dieses Mitleiden.

Wer Gebete verrichtet und kein Mitleid empfindet, dessen Seele ist kalt, und die Gebete werden ganz sicher nicht fruchtbar werden, besonders nicht für die Priester. Die Priester wissen, warum sie diese nichtsagenden Beichtgespräche führen. Immer das gleiche wird ihnen zuteil. Sie sollen Mitleid empfinden, und das wollen sie nicht. Sie finden es leichter, eine vorgefertigte Ansprache parat zu haben, um beliebt zu sein. Aber sie machen sich unbeliebt, weil ihnen dieses Mitleid fehlt. Ihre Herzen sind bereits erkaltet. Ja, so ist es, Meine geliebte Kleine.

Du hast heute diese Kälte spüren dürfen. Aber Ich bedanke Mich bei dir für deine Tapferkeit und deinen Mut. Du hast immer noch gebetet und hast nicht aufgegeben. Ich danke dir auch für die Heilige Beichte, weil du meintest, du musst jetzt alles sagen, was dir auf dem Herzen liegt. Du warst verzweifelt und hast gemeint, du kannst nicht mehr. Und dann kam deine liebste Mutter und hat dich getröstet. Sie hat dir die Tränen aus deinen Augen gewischt.

Du wirst auch am morgigen Tag dieses Leid empfinden, weil der Heiland es benötigt für viele, viele Priestersöhne, die nicht wollen, dass endlich das Heilige Opfermahl im Tridentinischen Ritus nach Pius V. gefeiert wird. Nein, es ist ihnen nicht genehm. Sie bereuen nicht von Herzen. Im Gegenteil, eure liebste Mutter weint um sie weiterhin bittere Tränen.

Ich danke dir, liebste Kleine, dass du mitgelitten hast auf dem Kreuzweg des Heilandes, dass du da warst, als der Heiland dich brauchte, und dass du auch heute noch dein williges Ja sagst, denn dies war das Liebesleid des Heilandes. Ich liebe dich. Ich möchte Mich auch ganz besonders bei Meiner Sühneseele Monika bedanken für ihr Mitleiden.

Es segnet euch nun und die gesamte Gefolgschaft und alle, die an die Botschaften glauben und vertrauen, der Heiland mit euer liebsten Himmlischen Mutter, mit allen Engeln und allen Heiligen, besonders heute mit euer lieben Mutter Anna und den Kostbaren Tränen des Heilandes, im Namen des Vaters und des Sohnes und des Heiligen Geistes. Amen.

Die Liebe des Heilandes drängt euch und ihr geht voran, nicht rückwärts, sondern vorwärts. Amen.

12. Dezember 2015 – Die Gottesmutter spricht nach der Heiligen Tridentinischen Opfermesse nach Pius V. in der Hauskirche in Göttingen in der Sühnenacht in Verbindung mit der Gefolgschaft in Heroldsbach durch Ihr Werkzeug und Tochter Anne.

Anne: Im Namen des Vaters und des Sohnes und des Heiligen Geistes. Amen. Während der Heiligen Opfermesse war besonders der Marienaltar in gleißendes goldenes Licht getaucht. Ich sah über dem Marienaltar einen Sternenhimmel mit tausenden und abertausenden kleinen goldenen sechszackigen Sternchen, die wunderschön funkelten. Plötzlich löste sich eine große Wolke am Himmel und über dieser Wolke sah ich die Gottesmutter in einem schneeweißen Gewand mit hellblauem Mantel. Sie hielt in Ihren Händen einen weißen Rosenkranz, den Sie in die Höhe hielt. Ich wusste gleich, was Sie uns damit sagen wollte: Wir sollen den Rosenkranz recht oft beten. Der Opferaltar war während der Heiligen Opfermesse auch in goldenes Licht getaucht, und ich sah diesen Sternenhimmel über dem Tabernakel. Die beiden Tabernakelengel wurden plötzlich goldfarben und beteten das Allerheiligste schwebend und kniend an. Auch die Gottesmutter war in verschiedenen Bildern (als Fatima, als Rosa Mystika, als Dreimal Wunderbare, als Mutter vom Sieg und als Rosenkönigin) anwesend und betete das Allerheiligste an.

Die Gottesmutter wird sprechen: Ich, eure liebste Rosenkönigin von Heroldsbach spreche heute, zu diesem Sühnetag in Heroldsbach durch Mein williges, gehorsames und demütiges Werkzeug und Tochter Anne, die ganz im Willen des Dreifaltigen Gottes liegt und heute Worte wiederholt, die aus Mir, der Rosenkönigin von Heroldsbach kommen.

Meine geliebte kleine Schar, Meine geliebte kleine Anne, Meine geliebte Gefolgschaft nicht nur von nah und fern, sondern auch ihr befindet euch heute geistigerweise an diesem Gnadenort. Morgen wird Meine Gefolgschaft diesen Weg zur Mulde beschreiten und dort eine Heilige Opfermesse erleben dürfen. Eine Gnadenfülle wird über euch ausgeströmt durch diese Heilige Opfermesse. Wie sehr sehne Ich Mich als Rosenkönigin von Heroldsbach nach euch, Meine geliebte Gefolgschaft. Wie viel Freude habt ihr Mir mit den vielen Sühne- und Opfergebeten geschenkt. Ihr leistet Genugtuung für die Priester, die diese Heilige Opfermesse ablehnen, die Meinen Gnaden- und Wallfahrtsort Heroldsbach so verunehrt haben, dass sie diese Einsprechungen, die in jedem Monat über Jahre hinaus gelaufen sind, ablehnen, weil sie den Wert dieser Botschaften nicht erkannt haben.

Meine geliebte kleine Anne, du hast am meisten gesühnt und geopfert, vor allen Dingen in diesen letzten 14 Tagen. Kein Tag war ohne Schmerzen. Kein Tag ohne Sühne, ohne Liebesreue für die anderen, weil so viele Priester nicht nur dir damit wehtun, sondern dem Heiland in dir bereiten sie den größten Schmerz. Du sühnst und sie verachten dich und den Heiland und doch denkst du an sie, weil du dieses Sühneleid auf dich nimmst als Weltenleid. Dies gehört zur Weltensendung. Du bist bevorzugt von allen Sehern und Botschafterinnen. Du weißt, dass du eine ausersehene Botin des Himmels bist. Du bist dir dessen wohl bewusst aber du weißt auch, dass dein Leid zu einem Liebesleid geworden ist. Du klagst nicht mehr, nein, du sühnst. Das Weltenleiden ist dir wichtig geworden.

Viele Menschen erkennen nicht, dass du so viele Leiden für die Priester Tag für Tag, Woche für Woche, Monat für Monat auf dich nimmst. Du sühnst ohne Unterbrechung, ja du bekommst kaum Schlaf und erträgst die vielen Schmerzen. Deine liebste Mutter dankt dir als Rosenkönigin von Heroldsbach dafür. Du und deine kleine Schar dürfen in keinem Monat nach Heroldsbach eilen, um dort an diesem Gnadenort zu beten und zu sühnen.

Ihr seid an eure Wohnung gebunden, und doch seid ihr mit dem Gnadenort ganz tief und eng verbunden, weil Ich, eure Himmlische Mutter, euch fest an Meine Hand nehme, weil Ich euch liebe, und weil Ich diese Gnaden, die dort am meisten fließen, als Aller-Gnaden-Vermittlerin über euch ausströmen möchte. Dieses Liebesleid beinhaltet große Gnadengeschenke von dir, Meiner Kleinen.

Gebe nie auf, sondern schreite mutig voran mit deiner kleinen Schar! Danken möchte dir ganz besonders heute deine Rosenkönigin. Als Dank wirst du am morgigen Tag ein wenig die Schmerzen genommen bekommen, weil es der Gaudetetag ist. Das habe Ich dir vom Himmlischen Vater erbeten als Rosenkönigin, die dir immer zur Seite steht. Ich werde über dich und auch über deine kleine Schar und deine Gefolgschaft Rosen streuen, Rosen der Gnade. Du darfst all dieses Liebesleiden als Gnaden entgegennehmen. Das ist nicht einfach für dich, Meine Kleine, diese Schmerzen zu ertragen und zu sagen: „Es ist das Liebesleid, was der Himmlische Vater mir heute wieder schenkt." Und doch ist es so. Der Himmlische Vater liebt dich über alle Maßen, auch wenn du es nicht fühlst und nicht spürst. Deine Mutter bringt dich jeden Tag vor den Thron des Himmlischen Vaters und bittet um weitere Kraft für dich, denn auf deinen Schultern ruht das Weltenleiden. Jesus Christus, Mein Sohn, leidet in deinem Herzen. Und das ist nicht einfach – ganz sicher nicht.

Deine Mutter wird morgen an diesem Freudentag bei dir sein. Sie wird dir deine Hand halten und dich mit deiner geliebten kleinen Schar geistigerweise an den Gnadenort bringen. Das sollte der Sternenhimmel beinhalten. Die Sterne leuchten hier und die gleichen Sterne leuchten dort in Heroldsbach, wie auch in Wigratzbad. Goldene Sterne sollen es sein. Die Rosen heute, die ihr Mir geschenkt habt wurden ebenfalls vergoldet. Es wurden goldene Rosen daraus – goldene Rosen der Liebe. Das Licht, das am morgigen Tag als drittes Adventslicht entzündet wird, wird auch in euren Herzen entzündet und wird heller und heller werden. Das Licht wird strahlen. Es ist das Licht der Liebe.

Dunkelheit ist in die Welt eingekehrt. Dunkelheit ist in dieser Katholischen Kirche aber ihr strahlt das Licht aus. In euch wird es heller und heller. Es sind Gnadenlichter, die von dieser Heiligen Opfermesse ausgehen. Sie werden auch am morgigen Tag, dem Gaudetetag, ganz besonders hell erstrahlen. Eure liebste Mutter wird in eure Herzen einkehren dürfen, und sie wird einen Blumengarten vorbereiten für euren liebsten Jesus.

In dieser Sühnenacht sühnt Meine kleine Gefolgschaft in Heroldsbach und betet viele Rosenkränze, so wie auch du, Meine geliebte Kleine, sie Mir in den letzten Tagen trotz der vielen Schmerzen geschenkt hast. Darum habe Ich diesen Rosenkranz, den du in der Vision während der Heiligen Opfermesse gesehen hast, hochgehalten, um dir dafür zu danken, ganz besonders dir, weil das Leid und die Schmerzen manchmal unerträglich sind und du doch sagst: „Danke, danke lieber Vater, so ist es recht. So wie du es willst, so soll es sein." Und so bringe Ich deine Leiden auch heute wieder vor den Himmlischen Vater. Ihr werdet Sühnestunden abhalten vor dem Allerheiligsten und Mein Sohn Jesus Christus wird sich dieser Sühnegebete annehmen für die Priester, für die, die umkehrwillig sind. Dafür betest du und auch deine kleine Schar ganz besonders heute in dieser Sühnenacht. Jede Stunde und jedes Gebet sind eine Kostbarkeit für Mich, eure Himmlische Mutter. Danke für all eure Liebe, für all euer Entgegenkommen, für all euer Nichtverzagen, sondern in dieser Mutlosigkeit der Zeit seid ihr vorwärtsgeschritten und habt nicht gesagt: „Wir blicken rückwärts, sondern wir gehen vorwärts. Das ist unser Weg."

Und so segne Ich euch heute in dieser Sühnenacht nach der Heiligen Opfermesse und vor der Aussetzung des Allerheiligsten mit Billionen von Engeln, die Ich euch in dieser Nacht sende, in der Dreifaltigkeit, im Namen des Vaters und des Sohnes und des Heiligen Geistes. Amen.

Die Rosenkönigin von Heroldsbach sagt euch Dank und bittet euch, weiterhin durchzuhalten im Kampf Satans. Achtet genauestens auf ihn, denn immer mischt er sich ein und möchte euch in jedem Augenblick abbringen, weil er es auf euch abgesehen hat, weil ihr sehr viel sühnt und weil in euch das Vertrauen und die Liebe zu Jesus Christus immer tiefer und tiefer wird. Danke für eure Liebe, danke für eure Gebete und für eure Sühnenacht. Amen.

13. Dezember 2015 – Dritter Adventssonntag (Gaudete). Die Gottesmutter spricht am Fatima- und Rosa Mystika-Tag nach der Heiligen Tridentinischen Opfermesse nach Pius V. in der Hauskirche in Göttingen durch Ihr Werkzeug und Tochter Anne.

Anne: Im Namen des Vaters und des Sohnes und des Heiligen Geistes. Amen.

Die Gottesmutter spricht einleitende Worte: Ihr habt heute den Freudensonntag gefeiert – Gaudete. Der Opfer- und Marienaltar waren in ein besonders helles goldenes Licht getaucht. Der Sternenhimmel wurde wieder sichtbar, denn ihr seid nicht nur mit der Hauskirche in Mellatz verbunden gewesen, sondern gleichzeitig auch mit der Gnadenstätte in Heroldsbach. Ihr habt diese Ströme der Gnaden empfangen dürfen. Dir, Meiner Kleinen, wurde ein wenig dieses schwere Leid genommen, gleichzeitig kam aber eine Erschöpfung über dich. Sei nicht traurig darüber, denn auch diese Erschöpfung hat der Himmlische Vater dir zugebilligt als Leiden für Seine Priestersöhne, die ihn heute sehr enttäuscht haben, weil sie dieses Freudenfest vor der Ankunft des Herrn nicht festlich begangen haben und nicht glauben und vertrauen. Nur ein Tridentinisches Opfermahl kann dieses Fest in der Wahrheit ersetzen.

Meine geliebten kleinen Marienkinder, Ich, eure liebste Mutter, spreche durch Mein williges, gehorsames und demütiges Werkzeug und Tochter Anne, die ganz im Willen des Himmlischen Vaters liegt und heute Worte wiederholt, die aus Mir kommen.

Der Wille des Himmlischen Vaters ist ihr das Wichtigste. Sie leidet, sie opfert, sie sühnt, sie betet und segnet die Menschen, die ihr schweres Leid zufügen, das heißt, die dem Himmlischen Vater in ihrem Herzen keine Ehre erweisen.

Meine geliebten Kinder, was heißt Freudenfest? Ihr alle sollt euch freuen auf dieses Weihnachtsfest, denn der Herr ist nahe. Du, Meine Kleine, bist die Ruferin in der Wüste. Du bist zur Ruferin geworden, weil der Himmlische Vater dich ausersehen hat, um die Menschen, besonders die Priester zur Umkehr aufzurufen, denn sie sind auf dem falschen Weg.

Viele katholische Gläubige haben bereits den moslemischen Glauben angenommen, weil sie meinen, dass dort auch etwas Christliches enthalten ist. – Nein, Meine Geliebten, er ist teuflisch! Entfernt euch von ihm! Er führt die Menschen in den Irrglauben und Unglauben hinein.

Diese Katholische Kirche, die im Modernismus liegt, ist ein Irrglaube. Die Menschen, die dort hineingehen, werden tiefer in den Unglauben hineingeführt und sie merken es nicht einmal. Das Schiff ist aus den Angeln geraten und wurde völlig zerstört. Nichts ist übrig geblieben. Und nun habe Ich Meine Botin beauftragt, diese Ruferin in der Wüste zu sein: Kehrt um, denn der Herr naht. Nicht mehr lange, dann wird euer Heiland kommen, um in einer Krippe neu geboren zu werden. Auch in der Katholischen Kirche wird sich diese Neugeburt ereignen. Das heißt, der Herr ist nahe. Öffnet eure Türen weit für das Licht. Denn nur wenn dieses Licht einströmt, kann der wahre Glaube wieder zurückkehren.

Ihr seid bereit, Meine kleine Schar und Gefolgschaft, bei der Ich Mich heute bedanke. Ihr haltet durch und gebt der Menschheit die Sicherheit, dass der Katholische Glaube noch nicht ausgestorben ist, im Gegenteil, dass er an einer anderen Stelle wieder aufblüht. Kehrt um und bekehrt euch! Dies sage Ich, eure liebste Mutter, auch zu euch, Meine Priestersöhne.

Wendet euch ab vom teuflischen moslemischen Glauben, der die ganze Welt beherrschen will. Glaubt ihr, dass Jesus Christus, Mein Sohn, Seine eigene Katholische Kirche, die Er selbst eingesetzt hat, bis auf die Grundmauern zerstören lassen will? Nein! Wenn auch alles zerbricht, die Katholische Kirche wird nie untergehen, denn sie beinhaltet die volle Wahrheit. Die Wahrheit hat nun mal viele Feinde.

Auch ihr werdet angefeindet, denn ihr verbreitet die Wahrheit, besonders du, Meine Kleine. Deshalb mag dich der Teufel nicht. Er mag dich nicht wegen deines Glaubens, wegen deiner vielen Gebete, wegen deiner Sühne, wegen deiner kleinen Schar und deiner Gefolgschaft. Er möchte dich wegreißen, doch er schafft es nicht, weil deine liebste Mutter dir alle Engel zur Seite gestellt hat, die dich umgeben. Wenn er auch noch so wütet in deiner Nähe, er kann dich nicht von der Wahrheit zurückhalten, da du unter einem besonderen Schutz stehst.

Du bist auserwählt für die Weltensendung. Da gibt es nichts daran zu rütteln, auch nicht vom Bösen. Viele Ungläubige, die dir diesen intensiven Glauben vorwerfen, werden es nicht fertig bringen, dich von den Botschaften abzubringen, die du in die Welt hinein sendest, denn sie entsprechen der vollen Wahrheit. Du schreist sie in die Welt hinein durchs Internet, weil die Menschen aufwachen müssen. Es ist kurz vor 12. Der Himmlische Vater lässt sich nicht zurückhalten, denn Er hat Seinen Zornesarm seit langem sinken lassen. Er wird sich als Allgewaltiger Herrscher zeigen, dann, wenn die Weltensendung in allem erfüllt ist, wie es im Plane des Himmlischen Vaters steht. Noch ist die Zeit nicht ganz erreicht aber sie naht, in der der Herr in großer Macht und Herrlichkeit am gesamten Firmament erscheinen wird.

Es ist Seine Welt und diese lässt Er sich nicht zerstören. Er baut sie neu auf. Ganz klein beginnt Er. Die Kleinen und Demütigen sind diejenigen, die Er an sich zieht, die Er bevorzugt und die Er auserwählt hat. Sie sind bereit, alles zu sühnen und zu opfern. Sie sind auch bereit, Verleumdungen auf sich zu nehmen, sich läutern zu lassen und die Menschen aufzuklären, die weiterhin im Irrglauben und Unglauben leben.

Sie benötigen Informationen – ganz besonders die, die den teuflischen, moslemischen Glauben an die erste Stelle setzen und den Koran statt der Bibel bevorzugen. Nur die Heilige Schrift kann sie in die Wahrheit einführen. Diese Islamisten, Salafisten und Terroristen kommen aus diesem teuflischen Glauben. Nichts ist darin enthalten vom Katholischen und Apostolischen Glauben, der die Wahrheit bedeutet.

Diese Katholische Kirche hat Mein Sohn Jesus Christus selbst eingesetzt. Die Priestersöhne hat Er auserwählt. Seine Bischöfe, Kardinäle, ja selbst Petrus und seine Nachfolger wurden von Ihm eingesetzt und bevorzugt. Auch sie sind dem Irrglauben verfallen in der heutigen Zeit und folgen dem falschen Propheten, der den Stuhl Petri bekleidet. Glaubt ihm nicht! Er wird vom Himmlischen Vater in der Dreieinigkeit dann weggefegt, wenn Er den Zeitpunkt gekommen sieht. Er ist der Herrscher der ganzen Welt und weiß, wann Sein Plan erfüllt werden muss. Diese Zeit hat bis jetzt noch nicht die volle Reife erreicht. Seid also weiterhin geduldig und wartet ab, auch wenn euer Leid die Spitze erreicht hat. Dann sagt Ja, denn ihr könnt dem Bösen keinen Einhalt gebieten, nur der Himmlische Vater ist dazu in der Lage. Er ändert Seinen Plan dann, wenn es erforderlich ist.

Bleibt tapfer und mutig und schreitet vorwärts und nicht rückwärts. Menschen, die euch bedrängen, schauen rückwärts. Sie möchten euch in den Irrglauben führen, doch ihr erkennt die Wahrheit. Der Heilige Geist hat euch erleuchtet. Glaubt darum, dass der Himmlische Vater euch immer auf alles aufmerksam machen wird. Ihr werdet niemals dem Bösen erliegen, wenn auch vieles darauf hinweist, dass ihr der Ohnmacht nahe seid, weil eure menschliche Kraft seit langem am Ende ist. Sie geht immer tiefer in die Erschöpfung hinein.

Aber glaubt, dass ihr von vielen Engeln geschützt werdet, die Ich euch herab sende als eure Himmlische Mutter, weil Ich Mich um alles, was euch betrifft, kümmere. Ihr seid Meine geliebten Kleinen, auf die Ich baue und die Ich unter Meinen Schutzmantel nehme. Seid also weiterhin tapfer und geht an Meiner Hand ins weite Land hinein. Das weite Land bedeutet die Neue Kirche. Diese alte ist vergangen. Sie stirbt aus und schrumpft zu einer kleinen Sekte zusammen. Nicht an diese glaubt, sondern an die Neue Glorreiche Kirche. Sie wird erstehen, und sie wird wunderschön sein. Nichts an Glaubwürdigkeit wird ihr fehlen. Alle werden sehen: „Das ist die Wahrheit, danach haben wir uns gesehnt." Wenn die alte Kirche völlig am Boden zerstört ist, dann baut der Himmlische Vater die Glorreiche Kirche im Kleinen ganz fest und tief neu auf. Daran glaubt und darauf vertraut.

Ich segne euch nun an diesem Freudentag, eure liebste treusorgende Mutter, mit allen Engeln und Heiligen, im Namen des Vaters und des Sohnes und des Heiligen Geistes. Amen. Bleibt dem Himmel treu, denn Ich liebe euch unermesslich!

20. Dezember 2015 – Vierter Adventssonntag. Der Himmlische Vater spricht nach der Heiligen Tridentinischen Opfermesse nach Pius V. in der Hauskirche in Göttingen durch Sein Werkzeug und Tochter Anne.

Anne: Im Namen des Vaters und des Sohnes und des Heiligen Geistes. Amen. Wir feierten heute den vierten Adventssonntag. In der Ekstase sah ich den Lichterbogen über dem Opferaltar. Gleichzeitig erschien ein Lichterbogen über der Muttergottes am Marienaltar. Er wurde während der Heiligen Wandlung entzündet, und zwar jede Kerze einzeln. Die Perlen, die dazwischen erschienen waren, spiegelten sich im Licht der Kerzen.

Mir wurde in der Ekstase gesagt: Dies ist der Neue Bund, den Ich mit euch, Meiner geliebten kleinen Schar, ganz allein schließe. Hinter euch steht die Gefolgschaft wie ein Fels. Ich möchte diese Gefolgschaft heute besonders stärken, damit sie weiterhin hinter euch steht und nicht vom Bösen beeinflusst wird, denn sie sind zusätzlich mit der Welt verbunden. Ihr, Meine kleine Schar, seid als Einzige vollkommen abgeschnitten von der Welt und habt diese Welteneinflüsse nicht. Darum schließe Ich mit euch diesen Neuen Bund. Ihr werdet besonders gestärkt in dieser letzten Zeit, denn das Kommen Jesu Christi mit Seiner und Unserer liebsten Mutter steht vor der Tür. Glaubt felsenfest daran, dass ihr in jeder Lage geschützt seid, denn vieles wird auf euch zukommen, was ihr nicht versteht und wo ihr meint, den vollen Schutz nicht zu haben. Und doch seid ihr geschützt. Um euch herum habe Ich einen Lichtkreis gebildet. Diesen Lichtkreis werden andere nicht überschreiten können. Ihr selbst, Meine geliebte kleine Schar, werdet diesen Lichtkreis nicht sehen und doch werdet ihr euch in diesem Lichtkreis befinden, ohne dass ihr ihn schauen dürft.

Habt keine Angst vor der Zukunft! Ich habe die Zukunft, Meine geliebten Kinder und Marienkinder, in der Hand. Ich Bin der Herrscher der ganzen Welt, der ganzen Kirche und des ganzen Universums. Alles, was jetzt geschieht, liegt vollkommen in Meinem Plan. Ich spreche dies alles durch Mein williges, gehorsames und demütiges Werkzeug und Tochter Anne, die ganz in Meinem Willen liegt und nur Worte wiederholt, die aus Mir kommen.

Ganz besonders heute habe Ich Weisungen für die ganze Welt, für die ganze Weltkirche und für die Weltensendung. Meine geliebte Kleine ist bereit, als Ruferin in dieser Wüste der modernistischen Kirche, alles in die ganze Welt hinaus zu senden, ja, hinaus zu schreien. Du, Meine Kleine, mit deinem Weltenleiden, bist bereit, dies alles zu sagen. Kein Wort ist aus dir.

Du befindest dich in deinem Krankenzimmer. Und in diesem Krankenzimmer ist Mein Sohn Jesus Christus im Allerheiligsten Altarssakrament anwesend. Ihr bekommt besondere Stärken. Besonders du, Meine Kleine, wirst gestärkt, weil diese Weltensendung so intensiv ist, dass Ich dich schützen muss, ansonsten würde man dir etwas antun, weil diese Botschaften für die Wahre, Katholische Kirche der Zukunft wegweisend sind.

Ich, der Himmlische Vater, möchte euch sagen, dass diese moslemische Religionsgemeinschaft vom Bösen, vom Satan, regiert wird. Es ist eine satanische Religion, von der alle Abstand nehmen sollen. Die moslemischen Gläubigen, die erkennen, dass sie sich in einer satanischen Religion befinden, sollen sich bekehren und umkehren. Sie sollen zu Konvertiten werden. Ich rufe sie alle auf, umzukehren, denn Satan wird seine Macht in dieser moslemischen Glaubensgemeinschaft anwenden und sich austoben. Gebt acht, Meine geliebten Konvertiten, ihr habt die Möglichkeit, den Katholischen Glauben anzunehmen. Ihr werdet erkennen, dass dieser Meine Wahrheit bedeutet, denn es gibt nur eine einzige Wahrheit. Kehrt um!

Niemand wird in einer wahren Religionsgemeinschaft den anderen in der eigenen Familie umbringen. Im moslemischen Glauben geht der Vater gegen seine eigenen Kinder vor, wenn sie eine Christin oder einen Christen ehelichen wollen. Sie werden zwangsverheiratet. Das steht im Koran. Gesagt wird ihnen, dass dieser Koran wichtig und wegweisend für sie ist. Es soll der einzige Glaube sein der sogar verbunden wird mit dem katholischen Gott. Das entspricht nicht der Wahrheit, Meine geliebten Vaterkinder, denn ihr habt einen Dreifaltigen, einen Dreieinigen Gott: Drei Personen in einem Gott. Das ist euer wahrer Glaube, und die Wahrheit für die ganze Welt, und nicht nur für den Einzigen, Wahren, Katholischen und Apostolischen Glauben. Die ganze Welt hat die Möglichkeit, sich zum wahren Glauben zu bekehren und nicht zu der einen Weltenreligion ihr Jawort zu geben, was geschehen soll.

Ich, der Allgewaltige und Herrscher der ganzen Welt, regiere jetzt die Welt und habe das Zepter fest in die Hand genommen durch dich, Meine kleine Botin. Du bleibst ein Nichts und Ich wirke alles in dir. Es sind nicht deine Worte die du sprichst, sondern die Worte des Himmlischen Vaters. Du hast selbst keinen Einfluss darauf. Du wirst es merken, dass es nicht deine Worte sind und auch nicht deine Kraft, sondern Meine Göttliche Kraft, die in dir wirkt. Auch deine kleine Schar ist bei dir und wird dich unterstützen.

Habt Geduld, Ausdauer und Mut. Verzweifelt nicht, denn der Böse will euch vom wahren Glauben abhalten. Darum der große Lichtkreis um euch. Seid eines Sinnes ganz besonders in diesen kommenden Tagen. Eines Sinnes zu sein in dieser kleinen Schar ist ganz wichtig. Dann kann man euch nichts anhaben. Eines Sinnes heißt, in der Wahrheit eins sein. Und es gibt nur eine Wahrheit.

Mit auf den Weg geben möchte Ich euch allen, Meine geliebten Vaterkinder, Meine geliebte Gefolgschaft und Gläubige von nah und fern, und allen, die an diesem wahren Glauben festhalten, die an Meine Botschaften glauben, dass für euch dieses siebte Buch nun gedruckt wird. Das siebte Buch ist das siebte Siegel der Apokalypse. Ihr werdet es erkennen, wenn ihr es euch kauft. Noch ist es nicht im Handel erschienen. Es beinhaltet das letzte halbe Jahr 2015.

Man wird euch sagen: „Dieses Buch ist vom Bösen.“ Das stimmt nicht! Ich, der Himmlische Vater, wache über dieses Buch. Es ist ganz wichtig für euch alle. Legt euch dieses siebte Buch zu und lest es täglich, damit ihr in der Göttlichen Kraft bleibt.

Kauft euch in Zukunft auch diese DVD. Ich gebe euch die Telefonnummer mit auf den Weg (0551/3054480), denn ihr müsst aus diesen modernistischen Kirchen nun endgültig hinausgehen. Der Böse hat dort seinen Einzug gehalten, und er wird euch in die Irre und Verwirrnis weiterhin tiefer hineinführen. Ihr habt dann keine Möglichkeit mehr, hinauszugehen, denn ihr seid gefangen vom Bösen. Er wird euch verwirren und euren Geist umnachten. Ihr habt dann keinen klaren Blick mehr, und euer Verstand wird euch das falsche sagen. Euer Herz wird nicht mehr sprechen, denn Herz und Verstand sind eins im wahren Glauben, aber niemals in der Modernistik. Dort hat der Böse seit langem seinen Einzug gehalten.

Das Brot wird auch den Lutheranern mit auf den Weg gegeben. Es ist das tägliche Brot, nicht das Himmlische Brot. Man hat dieses Brot mit dem Göttlichen Brot verwechselt. Das Manna, das ihr in der Heiligen Kommunion empfangt, ist das wahre Himmelsbrot. Das nehmt täglich auch geistigerweise in Empfang, indem ihr die DVD mitfeiert.

Habt auf keinen Fall Angst vor der Zukunft. Jederzeit bin Ich, der Himmlische Vater, bei euch, wenn ihr glaubt und vertraut, was Ich euch an Wegweisung und Informationen täglich geben werde. Du, Meine Kleine hast jeden Tag Ekstasen, die du weitergibst und Ich, der Himmlische Vater, werde einige Botschaften auch in dieser Woche ins Internet geben, wenn sie von Wichtigkeit sein sollten.

Ihr, Meine kleine Schar, haltet euch fern von denen, die euch beeinflussen wollen, ob telefonisch oder schriftlich. Glaubt nicht daran. In allem kann der Böse sein. Denkt an den Lichtkreis, den Ich um euch gebildet habe. Seid jederzeit wachsam. Ich schütze euch. Vor allen Dingen werdet ihr von eurem Himmlischen Vater geliebt.

Amerika wird sich gegen Russland erheben. Ein Land wird gegen das andere vorgehen. Das ist Meine Prophezeiung. Deutschland, euer Vaterland, hat seine Sendung bereits verloren. Aber ihr werdet weiterhin für euer Vaterland beten, opfern und sühnen. Die Liebe wird euch vorantreiben beten zu wollen, wenn es auch aussichtslos für euch erscheint. Dann kommt die Göttliche Kraft über euch und wird euch stärken, dass ihr weiterhin durchhalten könnt. Glaubt an Meine Wahrheiten und niemals an Worte, die man euch zuflüstert. Alles wird offenbar werden. Man wird es von den Dächern pfeifen. Meine Wahrheiten sind die einzigen Wahrheiten. Die Menschen werden nach diesen, Meinen Botschaften, verlangen, ja, sie werden sie aus euren Händen reißen. Dies ist symbolisch gemeint.

Und nun, Meine Geliebten, habt ihr alle Lichter entzündet. Eure Herzen sind weit geworden im Lichtkreis der vierten Adventskerze. Lichterloh brennen eure Herzen vor Liebe, weil Ich sie entzündet habe. Bleibt in diesem Lichtkreis, in diesem Adventslicht und in diesem Lichterbogen, den Ich für euch entzündet habe. Ihr befindet euch als kleine Schar in diesem Lichtkreis. Ich werde diesen Lichtkreis bis Mellatz weiterziehen, wo euer zweites Zuhause ist und wo Ich, der Himmlische Vater, Meine Wohnung aufgeschlagen habe.

Es segnet euch nun in dieser dreifachen Stärke, die ihr heute benötigt, mit eurer Himmlischen Mutter, der Rosa Mystika, der Fatima Madonna, der Dreimal Wunderbaren Mutter, der Unbefleckt Empfangenen Mutter und Königin vom Sieg und der Rosenkönigin von Heroldsbach, der Dreifaltige Gott, der Vater, der Sohn und der Heilige Geist. Amen.

Ihr werdet geliebt, und ihr werdet geschützt. Glaubt und vertraut tiefer und steigt die letzten Sprossen der Leiter hinauf zum Berge Golgotha. Dann habt ihr das Ziel erreicht.

Betet den Rosenkranz, denn er kann Kriege verhindern! (Siehe Botschaft vom 5. Dezember 2015.)

22. Dezember 2015 – Der Himmlische Vater spricht einige Worte zur Information nach der Heiligen Tridentinischen Opfermesse nach Pius V. in der Hauskirche in Göttingen durch Sein Werkzeug und Tochter Anne.

Anne: Im Namen des Vaters und des Sohnes und des Heiligen Geistes. Amen.

Der Himmlische Vater spricht: Meine geliebten Vaterkinder, Meine geliebten Gläubigen, die ihr vertraut, die ihr an Meine Botschaften glaubt, die ihr euch nicht beirren lasst von der Modernistik, für euch habe Ich einige wichtige Informationen auf diesem eurem schwersten Weg zu geben:

1. Ihr werdet Zeichen an Sonne, Mond und Sternen und auch sonstige Zeichen erkennen, damit ihr wisst, der Erlöser, Jesus Christus, naht. Das Heil der Welt hängt davon ab.

2. Der Stern von Bethlehem wird euch voraus gehen. Ihr werdet ganz klar erkennen: Dies ist der Stern, dem ich folgen will.

Ich erkenne ganz klar: Das ist der Himmel, das sind die Himmlischen Kräfte. Nichts kann ich erklären.

3. Ein Reich wird sich gegen das andere erheben. Das heißt, Russland wird gegen die Großmacht Amerika kämpfen. Doch der Sieg bleibt ganz klar Russland vorbehalten. Das heißt, Russland wird mit der Siegesfahne Jesu Christi und dem Kreuzzeichen in den Krieg ziehen.

4. Russland wird die moslemische Macht, das heißt, den teuflischen Glauben besiegen. Es ist ganz klar ersichtlich, dass jeder Moslem, ob er nun zu den IS, ob er nun zu den Salafisten oder Terroristen zählt, ein gefährlicher Moslem durch den Koran bleibt.

Jeder Moslem wird mit dem Koran verbunden wie wir mit der Bibel verbunden sind; das heißt, in allem ist er gefährlich.

5. Ihr, Meine Kinder, habt diese moslemischen Feinde in eurem Haus. Man wird euch viel antun wollen, aber man wird es nicht auf die Spitze treiben dürfen, weil Ich, der Himmlische Vater, über euch wache.

Glaubt und vertraut! Ich, der Himmlische Vater, wache über alle Meine Vaterkinder, obwohl ihr viel Leid auf den letzen Sprossen eures Weges zu erleben habt. Die Himmlische Mutter wird euch begleiten, doch Sie wird dieses Leid auch nicht abhalten können, denn auch Sie, eure Himmlische Mutter, wird das größte Leid unter dem Kreuz Ihres Sohnes erleben. Amen.

23. Dezember 2015 – Der Himmlische Vater spricht einige Worte zur Information des Kommens Seines Sohnes Jesus Christus nach der Heiligen Tridentinischen Opfermesse nach Pius V. in der Hauskirche in Göttingen durch Sein Werkzeug und Tochter Anne.

Anne: Im Namen des Vaters und des Sohnes und des Heiligen Geistes. Amen.

Der Himmlische Vater möchte heute noch einige wichtige Informationen für Seine kleine Schar, für Seine Gefolgschaft und für alle, die an Seine Botschaften ganz und gar glauben, geben:

1. Der Eingriff wird ganz gewaltig sein, und er steht kurz vor der Tür. Bitte beachtet diese Informationen genauestens. Ich, der Himmlische Vater, werde zunächst vor Meinem Eingriff die Seelenschau stattfinden lassen.

2. Das Kreuz wird am gesamten Firmament für alle sichtbar erscheinen. Ende der besonderen Informationen.

Ich segne euch alle, denn Ich liebe euch in unermesslichem Maße. Amen. Betet unermüdlich den Rosenkranz.

24. Dezember 2015 – Heiligabend. Der Himmlischen Vater spricht nach der Heiligen Tridentinischen Opfermesse nach Pius V. in der Hauskirche in Göttingen durch Sein Werkzeug und Tochter Anne.

Anne: Im Namen des Vaters und des Sohnes und des Heiligen Geistes. Amen. Während der Heiligen Opfermesse in dieser Hochheiligen Nacht war der Opferaltar in ein gleißendes goldenes Licht getaucht, dass ich es mit meinen Augen kaum ertragen konnte. Ich musste sie schließen als die Heilige Opfermesse begann, denn auch während dieses gleißenden Lichtes zogen die Engel ein und sangen in 9 verschiedenen Tonlagen das Glória in exélsis Deo und brachten dieses Spruchband mit dieser Aufschrift mit. Ich war so gerührt, dass ich am liebsten niedergefallen wäre. Ich konnte immer wieder danken dafür, dass ich in dieser Hochheiligen Nacht erstmals nach vielen Wochen in der Hauskirche in Göttingen an dem Heiligen Opfermahl teilnehmen durfte. Es war für mich das größte Weihnachtsgeschenk. Mehrere Jahre konnte ich aus Krankheitsgründen nicht daran teilnehmen. Darum mein höchster Dank. Dank sagen möchte ich auch dem Himmlischen Vater für die letzten 11 Jahre, die mein Seelenführer mich begleiten und die Heilige Opfermesse feiern durfte. Das war ein großes Geschenk für mich.

Diese vielen Gnaden möchten auch heute in die Welt hinaus strahlen, für viele Priester, die sich in dieser Hochheiligen Nacht zu ihrem Priestertum bekennen, ihre Schuld bereut haben und neu beginnen wollen mit der Heiligen Opfermesse im Tridentnischen Ritus nach Pius V., in der vollen Wahrheit. Nun will ich die Worte des Himmlischen Vaters entgegennehmen.

Der Himmlische Vater wird jetzt sprechen: Ich, der Himmlische Vater, spreche jetzt und in diesem Augenblick durch Mein williges, gehorsames und demütiges Werkzeug und Tochter Anne, die ganz in Meinem Willen liegt und heute die Worte wiederholt, die aus Mir kommen.

Geliebte kleine Schar, geliebte Gefolgschaft, geliebte Pilger von nah und fern, besonders von Wigratzbad und Heroldsbach: Heute, in dieser Hochheiligen Nacht, ist euch der Retter geboren, der Heiland der ganzen Welt.

Welch eine Freude war in euren Herzen. Ich, euer Heiland in der Dreifaltigkeit, habe diese Gnadenstrahlen ausströmen lassen, damit ihr für die kommende Zeit viel Kraft mitnehmen dürft, denn es kommt vieles auf euch zu, was ihr nicht verstehen werdet. Die Zeit ist da. Ich, der Himmlische Vater, habe euch die letzten Informationen und Instruktionen für diese Zeit gegeben. Diese Zeit ist Meine Zeit. Ihr könnt sie nicht bestimmen und auch nicht beeinflussen. Das einzige, was Ich von euch wünsche: Betet unaufhörlich den Rosenkranz. Nehmt ihn ständig in die Hand auch dann, wenn ihr mit irgendeiner Arbeit beschäftigt seid. So betet ihn im Stillen, denn dann kann Ich bei euch sein und euch stützen, denn ihr habt eine besondere Aufgabe für die Welt übernommen und tragt auch die Verantwortung im Gebet, in der Sühne und im Opfer.

Meine geliebte Gefolgschaft, euch möchte Ich heute ganz besonders in dieser Hochheiligen Nacht ansprechen. Auch ihr seid gefragt, denn ihr müsst fest werden wie ein Fels. Nichts darf euch erschüttern, was auf euch zukommt, denn für jeden ist ein Kreuz bestimmt in dieser letzten Zeit. Ihr habt euch nun entschlossen, mit eurem Fiat – dem ‚Ja Vater‘ – diesen Weg weiterhin voranzuschreiten, der nicht einfach für euch sein wird. Darum sagt erneut euer bereites ‚Ja Vater'. Meine Geliebten, wie sehr habe Ich auf euch gewartet. Ihr seid Mir und dem gesamten Himmel zum Trost da.

Wie wenig kann Ich Mich auf Meine Priestersöhne verlassen. Wie sehr habt ihr Mich angefleht und für sie geopfert, besonders in dieser Adventszeit. Zwar ist in vielen Priestern das Adventslicht entzündet worden aber sie haben Mir den Gehorsam nicht erwiesen, um Mein Heiliges Opfermahl in der vollen Wahrheit zu feiern. Sie waren nicht bereit dazu, trotzdem Ich dieses Licht durch eure Sühne in ihre Herzen habe einströmen lassen.

Ich möchte euch, Meine geliebte Gefolgschaft, dafür Dank sagen, dass ihr durchgehalten und niemals aufgegeben habt, sondern willig diesen Weg weiter voranschreiten wollt, da Meine Kleine euch diesen Weg gezeigt hat durch ihr schweres Leid, durch ihre Sühne und durch ihr ständiges: „Ja Vater, so wie Du willst und nicht wie ich es mir wünsche. Alles, was Du für mich vorgesehen hast, bin ich bereit, zu tragen und koste es mein Leben." So soll es weiterhin auch für euch aussehen.

In Heroldsbach wird sich vieles ereignen, Meine geliebten Kinder, besonders in der Mulde. Dort zeigt sich die Festigkeit. Eine Heilige Opfermesse ist etwas ganz Kostbares, besonders in dieser letzten Zeit, weil diese Gnadenströme, die aus ihr kommen, so weit reichen, dass ihr es euch nicht vorstellen könnt – über Länder hinaus. Wenige, geliebte Kinder, habe Ich, und die seid ihr, die diesen Weg voranschreiten, um Mir ihre Liebe anzubieten. Liebe um Liebe, Treue um Treue, das ist euer Versprechen.

Danke, geliebte Monika, für die Erneuerung deines Weiheversprechens. Tief und inniglich hast du Mir bewiesen, dass du Mich liebst, dass du diesen Weg der Sühne weitergehen willst und koste es dein Leben. So hast auch du dein Fiat erneuert, Meine geliebte Kleine. Auch dafür danke Ich dir, denn ihr könnt viele Priesterseelen dadurch retten vor der ewigen Verdammnis.

Heute ist die Freude im Himmel groß. Der Himmel hat den Atem angehalten, ob ihr euer Fiat, wie es auch die Gottesmutter gesprochen hat, heute wiederholen werdet. Dafür dankt euch der ganze Himmel. Diese Liebe wird euch vorantreiben auch weiterhin zu sühnen, doch an diesen Festtagen soll eure Seele jubilieren voller Freude und Dankbarkeit.

Ich liebe euch und segne euch nun mit eurem lieben Jesulein in dreifacher Stärke, im Namen des Vaters und des Sohnes und des Heiligen Geistes. Amen. Die Liebe des Dreifaltigen Gottes in dieser Hochheiligen Nacht wird euch vorantreiben, die letzten Sprossen der Siegesleiter zu erklimmen. Amen. Betet weiterhin den Rosenkranz!

25. Dezember 2015 – Hochfest der Geburt Jesu Christi, Weihnachtsfest. Der Himmlische Vaters spricht nach der Heiligen Tridentinischen Opfermesse nach Pius V. in der Hauskirche in Göttingen durch Sein Werkzeug und Tochter Anne.

Anne: Im Namen des Vaters und des Sohnes und des Heiligen Geistes. Amen.

Der Himmlische Vater spricht: Heute habt ihr den ersten Weihnachtstag in dieser Heiligen Opfermesse gefeiert. Welch eine große Freude war im Himmel über diesen besonderen Festtag.

Jesus, der Retter, ist euch geboren! Das kleine Jesulein liegt in der Krippe vor euch und schenkt euch Seine Liebe. Er selbst hat alles auf Sich genommen für die gesamte Menschheit und ist Mensch geworden in der heutigen Nacht.

Die Gottesmutter hat Ihr Fiat gesagt: „Ich bin die Magd des Herrn, Mir geschehe nach Deinem Wort." Nichts konnte Sie verstehen und ergründen und doch sagte Sie: „Ja Vater, so wie Du willst, so soll es geschehen, auch wenn Ich nichts verstehe: Ich bin Deine Magd, und Ich stelle Mich Dir ganz und gar zur Verfügung. Wenn der Heilige Geist Mich überschatten wird und Jesus, der Sohn Gottes, in Mir geboren werden soll in der heutigen Nacht, so bin Ich bereit."

Das sagte unsere liebe Gottesmutter, die Mutter des Gottessohnes und auch unsere Mutter. Das kleine Jesulein war bereit, alles zu ertragen, schon im ärmlichen Stall in Bethlehem. Ochs und Esel beteten Es an. Die Menschheit verachtete Es. Ja, sie hat Es keines Blickes gewürdigt, nicht einmal Einlass wurde Ihm gewährt in dieser Nacht Seiner Geburt. Für die ganze Menschheit hat Es sich geopfert und ist Mensch geworden. Das ist für euch ein ganz großes Geheimnis. Alles hat Es euch geschenkt in dieser Nacht, in dieser Hochheiligen Weihnacht, in der ihr euch an Seinen Gnadenströmen erfreuen dürft. Seine Liebe strömt Es auf euch aus, und in euren Herzen wird es Licht in dieser Dunkelheit, die um euch herrscht, ganz besonders in Deutschland.

Du, Meine Kleine, bist als deutsche Botin ausersehen, die Sendung für Deutschland und die ganze Welt zu erfüllen. Leider hat dieser Heilige Vater, den Ich erwählt habe, Mir ein klares Nein gesagt. Auch er war für Deutschland ausersehen, um die Weltensendung und besonders die deutsche Sendung zu erfüllen. Das hat sich nicht ereignet. Und nun, Meine kleine Botin aus Deutschland, geht deine Sendung weiter in die Welt hinein, als Weltensendung.

Ich, der Himmlische Vater, habe darum ein anderes Land ausersehen, was Ich euch heute noch nicht prophezeien kann. Alles liegt noch im Chaos. Und in diesem Chaos ist Gott Mensch geworden. Er wurde in euren Herzen neu geboren. Warum in euren Herzen? Weil ihr als einzige gesagt habt: „Ja Vater, wir geben uns ganz Dir hin. Du kannst mit uns machen, was Du wünschst. Alles ist uns recht. Das ist die Ganzhingabe, die der Himmlische Vater von uns erfüllt haben wollte. Diesen Gehorsam haben wir Ihm geleistet, auch die Gefolgschaft."

Wie sieht es nun mit den Piusbrüdern aus, die Ich auch ausersehen hatte. Viele Piusbrüder sind nicht bereit, ihre Sendung zu erfüllen, denn der Stolz hat den Hass nach sich gezogen. Sie hassen Meine Botin, die Ich erwählt habe, und das ist eine sehr schwere Sünde und zieht Unglück nach sich. Dieses Unglück, was über sie kommen wird, werde Ich euch heute nicht erklären können, denn es ist eine große Enttäuschung für Mich, am Weihnachtsfest diese auserwählten Piusbrüder nun zu spalten. Einige werden erkennen: „Das, was hier geschieht, ist nicht die Wahrheit, die unser Gründer Lefebvre uns aufgegeben und vorgelebt hat. Das ist nicht sein Wunsch und Wille gewesen. Wir müssen ihm ganz und gar nachgehen." Er selbst hat alles erfüllt und ist den Piusbrüdern in der vollen Wahrheit vorangegangen.

Seid wachsam, Meine geliebten Gläubigen, die ihr diesen Piusbrüdern folgen wollt. Achtet auf ihre Spaltung. Es wird nicht einfach sein für viele, dieser großen Sendung ade zu sagen und allein diesen Weg weiter zu gehen aber in der Wahrheit, in der vollen Wahrheit. Wer Meine Botschaften nicht anerkennt, den lehne Ich ab und zu dem sage Ich: „Ich kenne dich nicht. Weiche von Mir, denn Satan ist in dich hineingezogen und verbreitet die Lüge und den Hass. Ihr seid stolz geworden und dieser Stolz hat die Lüge nach sich gezogen."

Meine geliebte Botin, dich verfolgt man überall und doch sagst du mit deiner kleinen Schar und deiner Gefolgschaft: Ja Vater. Du gibst nicht auf, im Gegenteil, du machst deinem Himmlischen Vater große Freude. Und darum werden diese Gnadenstrahlen über weite Lande strömen, weil ihr sühnt für diese Priesterbruderschaft und darüber hinaus für viele Priester, die nicht bereit sind, an Meine Botschaften zu glauben und sie im Gehorsam zu befolgen.

Durch Meine kleine Botin verkünde Ich die volle Wahrheit und diese Wahrheit geht in die Welt hinaus. Ihr alle steht kurz vor Meinem Eingriff, den Ich euch kundgetan habe. Leider habe Ich Meinen Zornesarm seit langem sinken lassen müssen. Mein Plan sah von Anfang an anders aus. Doch wenn die Menschen Mir keinen Gehorsam erweisen und anders handeln, so muss Ich Meinen Plan nach ihnen ausrichten, weil Ich niemanden zwingen werde, an Meine Botschaften zu glauben und sie zu befolgen. Das Größte habe Ich ihnen geschenkt, das Heiligste. Meine Botin ist bereit, alles ins Internet hineinzugeben, auch wenn es sie das Leben kosten sollte. Sie ist zu allem bereit, und sie geht diesen schwersten Weg. Ihr Sühneleiden ist nicht leicht zu ertragen und seit vielen Jahren reiht sich eine Krankheit an die andere. Täglich, auch nachts, opfert sie diese Schmerzen für Meine Priestersöhne auf. Sie ist daran interessiert, dass niemand Meiner Priestersöhne in die ewige Verdammnis hinab stürzt. Viele Priester durfte sie kennen lernen, und viele haben sie verachtet und ihr die Ehre genommen und hassen sie. Welch eine schwere Sünde lastet auf ihnen. Sie muss gesühnt werden, Meine Geliebten.

Deutschland hat die Sendung verloren. Reicht das nicht aus, Meine geliebten Priestersöhne? Wollt ihr nicht endlich umkehren und an Meine Botschaften glauben? Wollt ihr nicht endlich das Heilige Tridentinische Opfermahl in der einzigen Wahrheit feiern? Es gibt doch nur ein einziges Opfermahl. Werdet zu Opferpriestern und nicht zu modernistischen Priestern, die dem Volk dienen und nicht Mir, dem großen Allmächtigen, Allgewaltigen und Allgütigen Dreieinigen Gott.

Ihr, Meine Geliebten, habt die Gabe der Unterscheidung von Mir geschenkt bekommen, weil in euch das Gute hineingelegt wird und ihr vom Himmel aus bevorzugt werdet, das Gute zu erkennen und auch das Gute zu befolgen, trotz allem der Böse eingreifen möchte in eure Gemeinschaft. Seid täglich eines Sinnes, denn dann kann der Böse euch nichts anhaben. Werdet fest und fester und vertrauender mit eurer Gefolgschaft, die größer werden wird, weil es Mein Wunsch ist. Fest wie ein Felsen sollen sie sein, um dem anderen mit gutem Beispiel voranzugehen, um die Liebe zu verbreiten und um die Feindesliebe auszuüben. Das ist das Schwerste. Trotz allem, Meine Geliebten, schenkt ihr Mir diesen Gehorsam, denn ihr liebt eure Feinde, segnet sie und betet für sie. Das ist euer Weg. Das ist euer Ziel. Richtet täglich euer Augenmerk darauf. Durch euch will Ich noch viele Priester retten vor dem ewigen Untergang.

Meine geliebte Mutter wartet auf Ihre Priestersöhne. Sie will sie in die Arme schließen und ihnen Ihr Unbeflecktes Herz entgegenhalten, damit sie sich bekehren und Meine Himmlische Mutter sie zu Mir, dem Himmlischen Vater, bringen kann – bekehrt und erlöst. Bisher haben sie Mich ans Kreuz geschlagen und ihr löst diese Nägel, Meine Geliebten durch euren Trost. Ihr schaut auf Mein Kreuz und ihr liebt euer eigenes Kreuz. Niemals werft ihr es ab, im Gegenteil, wenn es euch zu schwer wird, so bittet ihr um erneute Gnadengaben der Kraft und des Durchhaltevermögens. Ihr gebt nicht auf, weil dies das Größte ist. Ihr eilt zum Krippelein, zum Jesulein, weil dieses Jesulein euch lieb geworden ist, weil ihr für das Jesulein alles tun wollt.

Die Liebe treibt euch voran, die Liebe zum Göttlichen Erretter, zum Gottessohn. Zum kleinen Jesulein in der Krippe werdet ihr täglich gehen und diese Gnadenströme weiterhin in Empfang nehmen. Herzt es, liebt es, denn es umarmt euch bereits als kleines Kindlein in der Krippe. Jesus Christus, euer Retter und Erlöser, ist geboren in euren Herzen. Gebt es weiter und freut euch, und seid eines Sinnes am heutigen ersten Weihnachtstag. Ganz besonders segnet euch nun der Dreifaltige Gott in dreifacher Stärke mit allen Engeln und Heiligen, mit dem gesamten Chor der Engel, mit der Liebe des Dreifaltigen Gottes, im Namen des Vaters und des Sohnes und des Heiligen Geistes. Amen.

Die Liebe treibt euch voran und stärkt euch an diesem ersten Weihnachtstag des Jahres 2015. Amen. Betet weiterhin den Rosenkranz!

26. Dezember 2015 – Fest des Heiligen Erzmärtyrers Stephanus. Der Himmlische Vater spricht nach der Heiligen Tridentinischen Opfermesse nach Pius V. in der Hauskirche in Göttingen durch Sein Werkzeug und Tochter Anne.

Anne: Im Namen des Vaters und des Sohnes und des Heiligen Geistes. Amen. Heute, am zweiten Weihnachtstag, haben wir das Fest des Heiligen Stephanus gefeiert. Zu Beginn der Heiligen Opfermesse zogen eine große Schar Engel in die Hauskirche hinein voran die Erzengel Michael, Gabriel und Raphael, dann folgten Cherubim und Seraphim. Sie scharten sich um den Opferaltar, teilweise auch um den Marienaltar. Während der Heiligen Opfermesse war der Tabernakel besonders hell erleuchtet und strahlte in einem goldenen Glanz. Während der Opferung blies der Engel auf dem Marienaltar in seine Posaune. Das Jesuskind hob in diesem Augenblick Seine Ärmchen hoch und erfreute sich dieses Engels, der Ihm huldigte und gleichzeitig auch die Gläubigen aufmerksam machte, Jesus Christus der Heiland und Retter der ganzen Welt ist heute geboren. Wir dürfen uns Seiner erfreuen, wir dürfen Ihn anbeten, lieben, ja wir dürfen Ihn liebkosen, weil Er alles von uns gerne annimmt und weil heute, am zweiten Weihnachtstag, der erste Märtyrer für Ihn sein Leben hingegeben hat.

Der Himmlische Vater wird sprechen: Ich, der Himmlische Vater, spreche durch Mein williges, gehorsames und demütiges Werkzeug und Tochter Anne, die ganz in Meinem Willen liegt und heute die Worte wiederholt, die aus Mir kommen.

Geliebte kleine Schar, geliebte Gefolgschaft, geliebte Gläubige und Pilger von nah und fern, habt ihr es heute vernommen, dass man die Propheten in damaliger Zeit bereits umgebracht hat? Man hat nichts dazu gelernt, im Gegenteil, man steinigt sie auch heute, indem man ihnen ihren Seelenfrieden rauben will. Man bringt es nicht fertig, zu sagen: „Ja, an diese Botschaften kann ich glauben, weil sie nicht den Worten der Boten entsprechen." Die Boten wären nicht fähig, diese Worte zu formulieren, weil sie menschlich gesehen unfähig dazu sind, denn sie sind fehlbar. Doch Meine Botschaften entsprechen der vollen Wahrheit und nichts kann man Mir, dem Himmlischen Vater nachweisen, was nicht der vollen Wahrheit und Meiner Heiligen Schrift entspricht. Nichts habe Ich hinzugefügt, was nicht der vollen Wahrheit entspräche. Alles sind Meine Worte und Meine Kleine wiederholt diese Meine Worte. Man möchte ihre Seele verletzen. Man nimmt ihr die Ehre, doch man kann ihr nichts anhaben, weil sie von Mir geschützt wird, dem Himmlischen Vater.

Meine geliebte kleine Schar, Meine geliebte Gefolgschaft, ihr übt die Feindesliebe wie auch der Heilige Stephanus sie uns vorgelebt hat. Ihr liebt eure Feinde, weil ihr für sie betet. Ihr werdet gehasst, doch ihr segnet. Ihr haltet aus bis zum letzten Augenblick, bis Ich, der Himmlische Vater, euch den Segen gebe, dass nun das Ende eurer Tage der Botschaften gekommen ist. Dann beginnt Meine Zeit. Meine Zeit ist nicht eure Zeit, weil ihr sie euch nicht vorstellen könnt wie sie aussehen wird. Alles wird anders sein, als ihr es ergründen könnt.

Doch, Meine Geliebten, wenn ihr durchhaltet bis zum Ende, so wird euch das Heil zuteil werden. Ihr werdet auch jetzt in diesen Tagen der Weihnachtszeit viel Freude erleben dürfen, weil Ich, der Himmlische Vater, mit dem Jesuskind in der Krippe euch besonders stärken werde durch die Gnadenstrahlen der Heiligen Opfermesse, die weit über die Lande hinausgehen. Einige Menschen und Priester werden sich dagegen auflehnen, gegen diese Wahrheiten, weil sie nicht nur der Wahrheit entsprechen, sondern weil viele sich angeklagt fühlen. Meine Priestersöhne verachten Meine Boten und hassen sie und stoßen sie hinaus, dort, wo sie Meine Botschaften verkünden und willig und bereit sind, alles auf sich zu nehmen und Mir ihr Leben als Opfer anbieten. Manchmal nehme Ich das Opfer an, manchmal müssen diese Boten weiterhin aushalten, so wie Ich es will, so wie es in Meinem Plan und Wunsch steht.

Wie erdreisten sich auch heute noch die Priestersöhne, gegen Meine wahren Boten vorzugehen. Sie sagen: „Die Botschaften sind nicht von dieser Kirche anerkannt worden und sie dürfen darum nicht verbreitet werden. Es steckt das Böse in diesen Botschaften." Wie kann das möglich sein, wenn Ich, der Himmlische Vater, Meine Boten schütze und es bereits in Meiner Heiligen Schrift vermerkt ist. Alles entspricht auch der Heiligen Schrift. Doch glauben sie nicht und verachten Meine Boten weiterhin und knechten ihre Seelen, damit sie aufgeben sollen.

Meine kleinen Boten, gebt nicht auf! Habe Ich euch nicht zu jeder Zeit voll und ganz geschützt? Habt ihr nicht Meine liebste Mutter geschenkt bekommen in den schwierigsten Aufgaben und Prophetien? Könnt ihr da nicht durchhalten, auch wenn es am allerschwersten wird und die Verachtung euch besonders trifft? Dann segnet eure Feinde und liebt sie, indem ihr für sie betet. Gebt niemals auf, denn die letzten Sprossen werden nun mal steiler für euch werden.

Meine geliebte Gefolgschaft, glaubt tiefer und fester und vermehrt euch, denn in diesen letzten Zeiten ist es erforderlich, dass eine riesengroße Schar der Gefolgschaft hinter Meiner Kleinen und hinter Meiner kleinen Schar steht, die in jeder Lage geschützt und gestärkt werden muss. Ich bitte euch, haltet durch und strebt Tag für Tag nach Heiligkeit, auch wenn euch das Leid trifft, dann sagt: „Ja Vater, für Dich, für die Priester, damit sie endlich glauben, vertrauen und dieses Heilige Opfermahl im Tridentinischen Ritus sich endlich in der Katholischen Kirche auf der ganzen Welt verbreitet." Sie sollen erkennen, dass Ich der Allgewaltige Herrscher der ganzen Welt sie stärke und der Regent der wahren Katholischen Kirche bin und bleibe. Diese Katholische Kirche wird nie untergehen, auch wenn sie sich erneuern wird in der wahren Kirche der Glorie.

Haltet hier in Göttingen aus, Meine geliebte kleine Schar, obwohl ihr gerne zum Haus der Glorie eilen würdet. Doch noch ist es nicht Mein Wunsch, dorthin zu reisen. Ich, der Himmlische Vater, werde euch genaueste Informationen geben, wann alles geschehen soll. Nichts werde Ich auslassen, auch nicht für Meine geliebte Gefolgschaft. Immer werden kleine Informationen zu den gewaltigen Botschaften hinzu gegeben werden, wenn es erforderlich für euch ist.

Ich liebe euch und danke euch für euer Durchhaltevermögen, für eure Liebe und für euren Trost und für eure Treue, die ihr Mir entgegenbringt. Danke für all das, was ihr Mir, dem Allgewaltigen Herrscher, schenkt.

Es segnet euch nun der Dreifaltige Gott in dreifacher Stärke und Liebe, im Namen des Vaters und des Sohnes und des Heiligen Geistes. Amen.

Anne: Gelobt und gepriesen sei das Allerheiligste Altarssakrament von nun an bis in Ewigkeit. Amen.

27. Dezember 2015 – Sonntag in der Weihnachtsoktav. Gedenktag des Heiligen Apostels Johannes. Der Himmlische Vater spricht nach der Heiligen Tridentinischen Opfermesse nach Pius V. in der Hauskirche in Göttingen durch Sein Werkzeug und Tochter Anne.

Anne: Im Namen des Vaters und des Sohnes und des Heiligen Geistes. Amen. Heute haben wir das Fest des Heiligen Apostels Johannes gefeiert. Während der Heiligen Opfermesse wurde der Opferaltar nicht nur in goldenes Licht getaucht, sondern er leuchtete in rotem Glanz. Während der Opferung habe ich den Kelchengel gesehen. Er hat seinen Kelch unter die Herzenswunde des Heilandes gehalten und Sein Blut aufgefangen. Diese Herzenswunde blutet für Sein Neues Priestertum und für Seine Neue Kirche. Der Marienaltar war ebenfalls in goldenes Licht getaucht. Ich habe heute viele Heilige gesehen, besonders den Heiligen Johannes und den Heiligen Stephanus, die direkt nach der Geburt des Jesuskindes ihren Festtag haben. Das Jesuskind wurde während der Heiligen Opfermesse in einen goldenen Schein getaucht. Es hat Seine Händchen zum Himmlischen Vater erhoben und den Himmlischen Vater gebeten: „Bitte verzeih ihnen allen, denn ich bin doch deswegen Mensch geworden.“

Der Himmlische Vater wird am Festtag des Heiligen Johannes sprechen: Ich, der Himmlische Vater, spreche auch heute durch Mein williges, gehorsames und demütiges Werkzeug und Tochter Anne, die ganz in Meinem Willen liegt und nur Worte wiederholt, die heute aus Mir kommen.

Geliebte kleine Schar, geliebte Gefolgschaft, geliebte Pilger von nah und fern, geliebte Gläubige und alle, die an Meinen Botschaften festhalten, ihr seid heute besonders aufgerufen, Mir, dem Himmlischen Vater, Folge zu leisten. Das ist nicht einfach, Meine Geliebten, denn Ich verlange in dieser Endphase sehr viel von euch. Du, Meine Kleine, hast Mich gebeten, die Heiligen Opfermessen doch zu diesen Festtagen in der Hauskirche in Göttingen mitfeiern zu dürfen. Diesen Wunsch konnte Ich dir nicht abschlagen. Aber dass Ich dir deine Krankheit ganz nehmen sollte, wie es dein Wunsch war, dies konnte Ich dir nicht erfüllen, denn die Priestersendung ist Mir zu kostbar. Wenn du nicht im vollen Umfange so sühnst, wie Ich es wünsche, und so deine Krankheiten auf dich nimmst, deine Beschwerden, deine Schmerzen, dann kann Ich leider viele Priester nicht vor dem ewigen Untergang retten, denn das ist Mein Wunsch und Mein Wille. Dem sollst du Folge leisten.

In einer Ekstase hatte Ich dir bereits mitgeteilt, Meine Kleine, dass Meine Priestersöhne sich immer mehr von Mir entfernen. Darum habe Ich jedem besonders auserwählten Priestersohn noch einmal eine Chance gegeben, eine einzige besondere Chance, Mir Folge zu leisten. Ich habe sie besonders berührt in ihren Herzen, dass sie die Möglichkeit haben, zu erkennen, wie Mein Wunsch und Wille aussieht für jeden einzelnen auserwählten Priestersohn. Ich habe ihnen Meine Wunden gezeigt. Ich habe sie in Meinem Kostbaren Blut gewaschen. All ihre Sünden wollte Ich ihnen vergeben und sie vergessen. Und doch haben sie Mir ein klares Nein entgegengesetzt. Ich habe sie einzeln aufgerufen und gesagt: „Ihr habt Mich erneut ans Kreuz geschlagen. Schaut auf Meine Nägel, schaut auf Meine Wunden wie sie bluten durch euch, Meine Priestersöhne.“ Wie viel Gnaden habe Ich euch in dieser Vorweihnachtszeit geschenkt, wie viele Erkenntnisse, wie viele Erleuchtungen. Und doch ist euch der Materialismus und Sexualismus mehr wert als Mir, dem Himmlischen Vater, den Gehorsam zu erweisen. Mein Sohn Jesus Christus hat Mich erneut gebeten: „Lieber Vater, verzeih ihnen, denn sie wissen nicht, was sie tun. Vergib ihnen und erleuchte sie, dass sie erkennen, wie kostbar eine Heilige Opfermesse ist. Das hast Du getan, lieber Himmlischer Vater und doch haben sie nicht erkannt, dass sie diesen Einzelweg auch gehen können wie Mein Priestersohn in 11 Jahren ihnen vorausgegangen ist." Ein klares Nein wurde Mir, dem Himmlischen Vater, von ihnen entgegengebracht. Das waren Meine Bluttränen, denn wie sehr leide Ich um Meinen Sohn, den Ich für die ganze Kirche, für alle Sünder, ans Kreuz habe schlagen lassen, um sie alle zu erlösen. Und nun schlagen sie Ihn erneut ans Kreuz durch diese schwerste Sünde.

Darum hast du, Meine Kleine, den Heiligen Johannes heute gebeten, durch seine Jungfräulichkeit möge er doch viele Priestersöhne vor dieser schweren Sünde bewahren. Ich bitte euch, dass ihr zu Meinem Trost weiterhin sühnt und opfert auch für diese Priesterbruderschaft St. Pius X., die sich spalten wird und leider auch einige von ihnen nicht nur abgespalten werden, sondern das ewige Feuer erleben müssen, weil der Hass so stark in ihnen gewachsen ist, dass Mein Zorn übergroß wurde, obwohl Mein Sohn Jesus Christus Mich gebeten hat, sie doch nicht ins ewige Feuer zu werfen. Es ist so traurig für Mich, euch heute an diesem Festtag dieses mitteilen zu müssen. Warum tue Ich das? Damit ihr noch mehr sühnt. Damit du, Meine Kleine, deine Krankheit weiterhin auf dich nimmst, was du nicht verstehen kannst. Ansonsten müsste Ich dir, wenn du dies nicht erleiden willst, eine andere Krankheit aufbürden. Nimm sie weiterhin an und frage nicht danach, wann Ich sie dir nehme. Ich werde sie dir nehmen doch nicht so bald, wie du es erwartest. Nein, es wird noch längere Zeit in Anspruch nehmen.

Du weißt, dass du die Nachfolgerin Maria Sielers bist. Darum ist das Priestertum doch für Mich so wichtig. Ich habe immer noch keinen Priester, der Mir in allem Folge leisten will. Das ist der bittere Opferkelch, den der Kelchengel unter die Herzenswunde Meines Sohnes hält und Sein Blut auffängt.

Doch ihr, Meine Geliebten, seid Mir auch heute an diesem Tag zum Trost da. Ich rufe nochmals alle Priestersöhne auf, die Jungfräulichkeit zu leben und auf das Unbefleckte Herz Meiner liebsten Mutter zu schauen und sich diesem zu weihen. Sie mögen doch wieder das Brevier in die Hand nehmen und Mir das Treueversprechen geben, für immer da zu sein und nur Mich, den Himmlischen Vater in der Dreieinigkeit, zu lieben und sich Meinem Sohn ganz und gar in der wahren Heiligen Opfermesse hinzugeben mit Sinn und Verstand, so wie es Mein geliebter Pater Pio, der sich bereits im Himmel befindet, in jeder Heiligen Opfermesse getan hat, denn ihr seid alle Opferpriester. Schenkt euch Meinem Sohn ganz und gar, so wie Ich es wünsche. Ihr seid doch Meine Auserwählten, und auf euch setze Ich Meine ganze Göttliche Kraft.

Schaut auf Meine Bitterkeit und auf das Kreuz Meines Sohnes Jesus Christus, dann könnt ihr durchhalten, dann werdet ihr zu Opferpriestern, und nur dann kann Ich euch beschenken mit der Heiligmachenden Gnade. Wartet besonders in diesen Tagen der Weihnachtszeit auf die Gnadenströme, die euch durchleuchten und euch umfangen sollen mit Göttlicher Liebe. Dann werdet ihr gestärkt und könnt die letzten Schritte der Himmelsleiter erklimmen nach Meinem Plan, Wunsch und Willen. Das wird für euch alle nicht einfach sein, aber denkt an die Gnade, die ihr dafür von Mir geschenkt bekommt. Nur dann könnt ihr weiter voranschreiten auf dem Weg eurer Heiligkeit.

Ich liebe euch und segne euch in dreifacher Stärke mit eurer Himmlischen Mutter, mit allen Engeln und Heiligen, im Namen des Vaters und des Sohnes und des Heiligen Geistes. Amen. Liebe um Liebe, Treue um Treue bis zum letzten Augenblick. Amen.

28. Dezember 2015 – Fest der Unschuldigen Kinder. Der Himmlische Vater spricht nach der Heiligen Tridentinischen Opfermesse nach Pius V. in der Hauskirche in Göttingen durch Sein Werkzeug und Tochter Anne.

Anne: Im Namen des Vaters und des Sohnes und des Heiligen Geistes. Amen. Wir haben heute das Fest der Unschuldigen Kinder gefeiert. Ich habe während der Heiligen Opfermesse am Himmel viele kleine Seelchen gesehen und Engel, die sie begleiteten. Sie kamen über das Haus und bildeten einen Kreis darum. Sie winkten uns zu. Sie hatten glückliche Gesichter.

Der Himmlische Vater wird sprechen: Ich, der Himmlische Vater, werde jetzt und in diesem Augenblick durch Mein williges, gehorsames und demütiges Werkzeug und Tochter Anne sprechen, die ganz in Meinem Willen liegt und nur Worte wiederholt, die aus Mir kommen.

Ja, Meine geliebten Kinder von nah und fern, besonders Meine geliebte kleine Schar und Gefolgschaft, eure Himmlische Mutter ist heute nicht fähig, euch diese Botschaft zu überbringen, weil Ihre Augen voller Tränen sind. Zur damaligen Zeit wurden diese Unschuldigen Kinder in Bethlehem umgebracht. Sie waren Märtyrer für den Gottessohn Jesus Christus. Meine geliebten Kinder, wie sieht es heute aus? Man bringt diese kleinen Seelchen, die Ich, der Himmlische Vater, in einem besonderen Liebesplan ausersehen habe, im Mutterleib bestialisch um. Die Ärzte sind bereit, diese Kinder zu töten, denn ihr Gewissen schlägt nicht mehr. Wie viel haben diese kleinen Menschlein, die Ich, der Himmlische Vater, doch ausersehen hatte, zu erleiden, bevor sie den bitteren Tod erleben müssen. Niemand kümmert sich um sie. Sie werden nicht gefragt, bevor sie sterben müssen, ob sie damit einverstanden sind. Sie haben keine Möglichkeit, sich aufzulehnen oder zu sagen: „Ich will leben." Sie müssen den Tod als kleine Märtyrer hinnehmen.

Darum danke Ich euch, Meine geliebten Kinder, dass ihr an diesem Tag den Rosenkranz für das Ungeborene Leben gebetet habt. Leider ist es euch aus Krankheitsgründen nicht möglich, diese Vigil an jedem dritten Mittwoch zur Abtreibungsklinik zu gehen, um euch für das Ungeborene Leben einzusetzen. Aber ihr seid bereit, euch an jedem dritten Mittwoch dieser armen Seelchen zu erinnern und für sie zu beten.

Wie traurig ist es für Meine Himmlische Mutter, dass Sie auch heute erleben muss, wie diese armen Mütter, die bereit waren, ihr Kind töten zu lassen, leiden. Oft werden sie gar nicht begleitet oder haben Menschen, die sie verachten und Priester, die sie nicht einmal anhören wollen in ihrer Not. Es gibt Mütter, denen so viel Leid angetan wird, dass sie keine andere Möglichkeit haben, als ihr eigenes Kind töten zu lassen. Danach werden sie alle, Meine geliebten Kinder, schwer krank – seelisch und auch körperlich. Darum betet für sie, damit sie zu Mir, dem Himmlischen Vater kommen können, denn Ich bringe Sie zur Himmlischen Mutter. Sie versteht euch am besten, denn Sie leidet um jedes einzelne ungeborene Kind, das getötet wurde. Sie möchte diesen Müttern in ihrer großen Not beistehen, denn sie haben die Möglichkeit, zum Heiligen Bußsakrament zu gehen und alles von Herzen zu bereuen, um ein neues Leben zu beginnen.

Diese kleinen Seelchen hast du aufsteigen sehen, Meine geliebte Kleine, und sie sind im Himmel. Ihr könnt sie anrufen, Meine geliebten Mütter, damit ihr mit diesem Mord, den ihr an euren eigenen Kindern begehen ließet, fertig werden könnt.

Und wie sieht es heute im moslemischen Glauben aus? Auch dort tötet man die eigenen Kinder und bringt sie um. Warum? Weil sie diesen wahren einzigen Glauben annehmen wollen. Wenn sie mit einem Christen in Kontakt treten und dieser sich nicht zum moslemischen Glauben bekennt, werden sie von ihren eigenen Eltern bestialisch umgebracht.

Meine Geliebten, kann man denn nicht erkennen, dass dieser moslemische Glaube nur teuflisch sein kann? Wie viele Gebete sind noch erforderlich, dass dieser teuflische Glaube abgelehnt wird, dass man politisch in der Welt gegen diesen Glauben angeht, damit man diese Menschen nicht noch weiter in die Irre führt und sie in die ewige Verderbnis hinabstürzen müssen. Das ist bitter für eure Himmlische Mutter, die zusehen muss, wie sie hilflos dasteht und niemandem mehr helfen kann. Schließlich ist sie die Mutter der ganzen Kirche, die Mutter aller Menschen. In jeder Lage und von jeder einzelnen Person kann sie angerufen werden, und Sie ist bereit, umgehend zu helfen. Ruft Sie an, denn ihr habt doch die größte Waffe in eurer Hand: Den Rosenkranz! Betet ihn ständig für die, die bis heute nicht umgekehrt sind und die noch dem falschen und teuflischen Glauben angehören.

Ich liebe euch von ganzem Herzen und segne euch nun in der Dreieinigkeit, im Namen des Vaters und des Sohnes und des Heiligen Geistes. Amen.

Anne: Gelobt sei Jesus Christus in Ewigkeit. Amen.

31. Dezember 2015 – Silvester. Der Himmlische Vater spricht zum Jahresende nach der Heiligen Tridentinischen Opfermesse nach Pius V. in der Hauskirche in Göttingen durch Sein Werkzeug und Tochter Anne.

Anne: Im Namen des Vaters und des Sohnes und des Heiligen Geistes. Amen. Wir haben heute die Heilige Opfermesse zum Jahresausklang gefeiert. Der Opferaltar war wieder in goldenes Licht getaucht. Die gesamte Hauskirche wurde während der Heiligen Opfermesse hell erleuchtet. Der Marienaltar war von vielen Engeln umgeben.

Gnadenstrahlen fluteten vom Opferaltar nach draußen. Viele Gnaden kamen aber auch vom draußen zurück. Wahrscheinlich sind im vergangenen Jahr etliche Priester umgekehrt. Die Tabernakelengel verneigten sich tief und waren während der Heiligen Opferung in besondere Gnadenstrahlen hineingenommen.

Ich habe den Himmlischen Vater gebeten, dass ich mich im Namen unserer kleinen Schar und auch im Namen der Gefolgschaft, die Ihm so tapfer nachgegangen ist auf diesem schwersten Weg, bedanken darf für all die Gnaden und für die Erkenntnisse und die Kraft des vergangenen Jahres, die wir bekommen haben, dies alles nach Deinem Plan und Deinen Wünschen durchzustehen.

Niemand von uns ist wankend geworden. Du hast ihnen immer wieder die Kraft gegeben, durchzuhalten. Alles, was in Deinen Botschaften an Informationen uns gegeben wurde, hat sich in wunderbarer Weise erfüllt. Manches war schwer für uns, aber Du hast uns beigestanden und hast uns wieder neue Kraft geschenkt, so dass wir weitermachen konnten. Ich möchte auch danken für die Gefolgschaft, die jetzt größer geworden ist. Sie sollen Dir zum Trost da sein aber auch zum Trost der Priester, dass sie umkehren wollen und können. Ich weiß, es liegt an ihrem Willen, aber Du hast noch niemandem Deinen Willen aufgezwungen, im Gegenteil, Du lässt ihnen ihren freien Willen.

Ich möchte Dich heute ganz besonders für die Priester bitten: Gib ihnen noch Chancen, dass sie nach Deinem Wunsch und Willen umkehren wollen. Ich möchte Dich bitten, dass Du sie erleuchtest, damit sie die Wahrheit erkennen und die Irrwege aufgeben und Dir allein dienen wollen, denn Du bist der Herrscher der ganzen Welt, und vor allem bist Du der Gute Hirte, der Seine Schäflein auf die grünen Auen führen will. Ich möchte mich auch schon im voraus bedanken für das, was Du für uns im kommenden Jahr vorgesehen hast an Fügungen, vielleicht sogar an Wundern, die wir oft nicht erkennen, so wie Du es gesagt hast, dass unser Glaube tiefer wird, alles zu ertragen, was Du von uns erwartest.

Ich weiß, Du erwartest manchmal viel von uns. Aber wir wollen nicht aufgeben, auch dann nicht, wenn wir nichts mehr erkennen, und Dunkelheit auf unseren Pfaden eintritt. Aber wir wissen, dass Du immer da bist. Wir werden sühnen und opfern für das Priestertum und bereit sein, alles für Dich, den Himmlischen Vater in der Dreieinigkeit, ertragen zu wollen. Gib uns erneut Deine Kraft und lass uns nie aufhören einander zu lieben und die Feindesliebe zu üben, was wohl das Schwerste sein wird für uns, aber Du verlangst das, denn wir gehen einen ganz besonderen Weg, den Du uns aufgegeben hast für die Weltensendung. Wir wollen diesen Weg auch weiterhin beschreiten, auch wenn es die größten Opfer kosten sollte.

Danke für all Deine Liebe, die Du uns bisher geschenkt hast. Ganz besonders danken wir Dir für die tägliche Heilige Opfermesse. Welch ein Geschenk! Das werden wir wohl nie erfassen können, was das für uns bedeutet, damit viele Priester umkehren können durch die Heilige Opfermesse, die hier in Göttingen in dieser Hauskirche gefeiert wird.

Und nun wirst Du sprechen, lieber Himmlischer Vater: Ich, der Himmlische Vater, werde jetzt und in diesem Augenblick, durch Mein williges, gehorsames und demütiges Werkzeug und Tochter Anne sprechen, die ganz in Meinem Willen liegt und nur Worte wiederholt, die aus Mir kommen.

Geliebte kleine Schar, geliebte Gefolgschaft, geliebte Pilger und Gläubige von nah und fern, Ich liebe euch alle. Ich möchte euch als Himmlischer Vater in der Dreieinigkeit danken für das vergangene Jahr und für all die Opfer, die ihr gebracht habt, für all die Sühne, die ihr geleistet habt, für all das, was ihr durchgestanden habt an Schwerem, was Ich euch auf eure Schultern laden musste. Mir, als Himmlischer Vater, war das manchmal schwer, euch dieses Kreuz aufzuladen, denn welcher Vater liebt nicht Seine Kinder und möchte alles Schwere von ihnen fern halten. Doch leider kann Ich es als Himmlischer Vater nicht, denn ihr müsst viele Priester noch vor der ewigen Verdammnis retten. Ihr wart bisher bereit, Mir alles aufzuopfern und Mir Folge zu leisten. Und das wünsche Ich auch weiterhin von euch. Seid willig und bereit für alles, was Ich euch an Leid schenke, ja schenke, möchte Ich sagen, denn das Leid soll euch eines Tages im Himmel zur Freude werden. Dann werdet ihr erkennen, wie viele Priester euch nachgefolgt sind, indem ihr diesen schwersten Weg vorangegangen seid.

Diese Gnadenstrahlen, möchte Ich euch ganz besonders heute am letzten Jahrestag sagen, sind nach Mellatz gegangen. Auch Mellatz will Ich retten. Ja, im Allgäu geschieht auch viel Böses. Ihr habt schon bereits vieles ferngehalten. Und das soll auch weiterhin geschehen. Gnaden werdet ihr bekommen, auch weiterhin viele Priesterseelen zu retten.

Seid bereit und sühnt und bleibt Mir, dem Himmlischen Vater, in allem treu. Gebt nie auf, auch dann nicht, wenn ihr meint, es erscheint euch zu schwer. Die Last wird schwerer werden müssen. Ich verlange nichts Unmögliches von euch, Meine Geliebten. Und doch weiß Ich, dass es für euch Menschenkinder oft zu schwer erscheint. Ich darf euch dieses Kreuz nicht abnehmen, weil Ich Meine Priester retten will. Könnt ihr das verstehen, wie schwer es Mir fällt, jeden einzelnen Priester, der Mir ein Nein entgegenschleudert, in Liebe anzunehmen? Da weine Ich bittere Tränen, und auch Meine Mutter kann Ihre Tränen nicht zurückhalten. Jeder einzelne Priester ist Ihr wertvoll. Um jede einzelne Seele kämpft Sie bis zum letzten Augenblick. Und auch ihr sollt diesen Kampf weiterhin aufnehmen für Mein Heroldsbach und auch für Mein Wigratzbad.

Seid bereit und gebt nie auf! Ich verlange nichts Unmögliches von euch aber vertraut Mir. Dieser Weg, den ihr beschritten habt, ist der einzige wahre Weg. Hoffentlich, Meine Geliebten, werden diese Botschaften viele Menschen erreichen, die in großer Not sind und die noch nicht glauben können. Wer einmal mit Meinen Botschaften in Berührung gekommen ist, der wird glauben, denn sie merken sehr schnell, Meine Kleine ist nicht fähig, diese Botschaften von sich aus zu sprechen. Sie ist willig aber nicht so intelligent, diese Botschaften ins Internet zu geben. Sie ist ein schwaches Geschöpf und sie bleibt es. Aber sie ist bereit, alles zu geben. Ihr ganzes Herz hat sie Mir geschenkt mit Sinn und Verstand.

Ich danke dir, Meine Kleine. Ich danke auch euch, Meine geliebte kleine Schar und Meine geliebte Gefolgschaft, dass ihr weiterhin bereit seid, diesen schwersten Weg einzuschlagen. Ich liebe euch und möchte euch an diesem letzten Jahrestag ganz besonders nochmals ins Herz schreiben: Ich liebe euch unermesslich. Bleibt Mir treu und geht weiterhin mit Mir diesen schwersten Weg. Amen.

Es segnet euch der Dreifaltige Gott in dreifacher Stärke am letzten Jahrestag, im Namen des Vaters und des Sohnes und des Heiligen Geistes. Amen. Seid bereit! Ich liebe euch und werde euch nie allein lassen. Amen.

Kreuzweg für die Neue Kirche

Vorbereitungsgebet

O Jesus, Ewiger Sohn des Ewigen Vaters,
wahrer Gott vom wahren Gott,
lass mich in dieser heiligen Übung
Deines Kreuzweges schauen,
wie Du Dein gnadenspendendes Leiden
in dieser Welt durch alle Jahrhunderte
hindurch in Deiner Kirche fortsetzt
und vollendest.

Ergänze Du selbst in uns,
den Gliedern Deines mystischen Leibes,
was an Deinem Leiden für die Vollendung
Deiner Kirche noch aussteht.

Schmerzhafte Mutter Maria,
Herz der heiligen Kirche,
Tempel des Heiligen Geistes
und Sitz der Weisheit,
gib mir auf diesem Kreuzweg Anteil
an Deinem Mitleiden und Miterlösen.

Amen.

Jeſuſ wird zum Tod
am Kreuz verurteilt

1. Station

Jesus wird zum Tod am Kreuz verurteilt

V: Wir beten Dich an, Herr Jesus Christus, und preisen Dich.
A: Denn durch Dein heiliges Kreuz hast Du die ganze Welt erlöst!

Wir erinnern uns der heuchlerischen Geste des Pilatus: Er wusch sich die Hände zum Zeichen der Unschuld und sprach doch das Todesurteil über den Erlöser aus. Es hat sich an dieser Gesinnung bis heute nicht viel geändert: sie waschen alle in Unschuld ihre Hände, sie schieben die Verantwortung auf anonyme Mehrheiten, auf demokratisch gewählte Ausschüsse; waschen sich die Hände in Unschuld und unterzeichnen wieder und wieder das Todesurteil für Christus – indem sie zulassen, dass der Glaube verfälscht wird.

Und viele kleinere und kleine Pilatusse setzen – statt ihre Stimme zu erheben, statt zu protestieren – ihren Namen in missverstandenem Gehorsam unter den Urteilsspruch. Armer Erlöser, der Du in Deiner Kirche immer wieder Deine Verurteilung erfährst!

In der Einsicht unserer Schuld wollen wir die Konsequenzen ziehen: wir wollen nicht warten, bis andere aufwachen; wir selbst wollen das Unsere in unserem Rahmen tun und nicht stillschweigen, wenn man Dich, o Herr, wieder zum Tode verurteilen möchte. Wir wissen aber auch, dass wir unehrlich wären, wollten wir die Bekehrung nicht bei uns selbst beginnen, und wir versprechen es Dir am Beginn dieses Kreuzweges, Deinen Willen in allem und jedem mehr als bisher zur Richtschnur unseres Lebens zu machen.

Vater unser ...
Gegrüßet seist Du, Maria ...

V: Gekreuzigter Herr Jesus Christus,
A: erbarme Dich unser und hilf den Armen Seelen im Fegfeuer.

Jeſuſ nimmt daſ Kreuz
auf ſeine Schulter

2. Station

Jesus nimmt das Kreuz auf seine Schulter

V: Wir beten Dich an, Herr Jesus Christus, und preisen Dich.
A: Denn durch Dein heiliges Kreuz hast Du die ganze Welt erlöst!

„Wer sein Kreuz nicht trägt und mir nicht nachfolgt, kann nicht mein Jünger sein“ (Lk 14,27), sagte Christus zu den Seinen, doch wurden diese Worte von Seinen Jüngern gelegentlich, von uns allen aber gründlich, vergessen. Die Opferscheu hat unser ganzes religiöses Leben unglaubwürdig gemacht, sie ist auch die Ursache des Priestermangels, der Grund des katastrophalen Versagens in moralischer, sittlicher Hinsicht. Man will vom Kreuz nichts mehr wissen; trifft aber das Kreuz einen Menschen derart, dass er nicht mehr ausweichen kann, so tritt Murren und Klagen an die Stelle geduldigen Ertragens.

O Herr, unser Erlöser, durch das Kreuz hast Du uns erlöst. Wie sollten wir dieser Erlösung würdig sein, wenn wir nicht bereit sind, das Kreuz auf uns zu nehmen? Wir dürfen kaum sagen, dass wir Dich lieben, wenn wir nicht bereit sind, Dir auch Opfer zu bringen. Wir wissen, dass Du in Deiner Güte uns nicht Kreuze aufbürdest, die nicht notwendig wären zu unser aller Heil. So, wie eine Krankheit oft durch einen schmerzhaften Eingriff geheilt werden kann, so ist im Leben für uns das Kreuz oft notwendig, sollen wir nicht in Ewigkeit verloren gehen. Darum, o Herr, bitten wir Dich: gib uns Kraft und Liebe, um das Kreuz bereitwillig auf uns zu nehmen, so wie Du es getan hast.

Vater unser ...
Gegrüßet seist Du, Maria ...

V: Gekreuzigter Herr Jesus Christus,
A: erbarme Dich unser und hilf den Armen Seelen im Fegfeuer.

Jeſuſ fällt daſ erſte Mal
unter dem Kreuze

3. Station

Jesus fällt das erste Mal unter dem Kreuze

V: Wir beten Dich an, Herr Jesus Christus, und preisen Dich.
A: Denn durch Dein heiliges Kreuz hast Du die ganze Welt erlöst!

Der Sturz war vorauszusehen: die Last war einfach zu schwer. Zu dem körperlichen Schmerz hinzu kam noch die innere Einsamkeit: ringsum rohe Menschen ohne Mitleid, denen das Leiden des Erlösers bestenfalls gleichgültig war; ja, die sich sogar freuten, Seine Qualen vergrößern zu können. Wie bitter ist dieses Leiden-müssen umgeben von Verständnislosigkeit.

Christus leidet heute in Seiner Kirche, Er stürzt in Seiner Kirche zu Boden, rohe Schergen helfen dabei noch nach. Du, unser Erlöser, gib uns etwas von Deiner inneren Kraft, inmitten einer christenfeindlichen Umwelt uns von einem Fall immer wieder zu erheben! Lass uns nicht gleichgültig Dir gegenüber sein!

Vater unser ...
Gegrüßet seist Du, Maria ...

V: Gekreuzigter Herr Jesus Christus,
A: erbarme Dich unser und hilf den Armen Seelen im Fegfeuer.

Jeſuſ begegnet ſeiner
betrübten Mutter

4. Station

Jesus begegnet seiner betrübten Mutter

V: Wir beten Dich an, Herr Jesus Christus, und preisen Dich.
A: Denn durch Dein heiliges Kreuz hast Du die ganze Welt erlöst!

Endlich ein Mensch, der dem leidenden Erlöser nicht Hass, sondern Liebe entgegenbringt: wenigstens die Erleichterung, die das Mitleid gewährt! Und doch: welchen Schmerz bedeutet es für die Mutter Gottes, ansehen zu müssen, wie sehr ihr Kind, an dem ihr ganzes Herz hängt, leiden muss! Wer den Erlöser kränkt, kränkt Seine Mutter; wer Seine Mutter schmäht und beleidigt, schmäht und beleidigt deren Sohn: zu allen Zeiten der Kirche fand man im Gefolge der Irrlehren immer eine Geringschätzung der allerseligsten Jungfrau, und jede restaurative Bewegung in der Kirche war immer von tiefer Marienverehrung gekennzeichnet! Wenn wir wieder Ordnung in der Kirche haben wollen, müssen wir uns an die Mutter Gottes halten!

O Mater dolorosa, wir wollen auf Deiner Seite stehen, mit Dir Christus in Seiner leidenden Kirche beweinen, mit Dir wollen wir versuchen, wenigstens etwas die Schmerzen zu lindern, keinesfalls aber gleichgültig zusehen! Lieber bei der weinenden Mutter Gottes stehen und dem leidenden Erlöser in die Augen sehen dürfen, als bei den selbstgerechten Schriftgelehrten den Triumph der Schlechtigkeit auskosten!

Vater unser ...
Gegrüßet seist Du, Maria ...

V: Gekreuzigter Herr Jesus Christus,
A: erbarme Dich unser und hilf den Armen Seelen im Fegfeuer.

Simon von Cyrene hilft
Jeſuſ daſ Kreuz tragen

5. Station

Simon von Cyrene hilft Jesus das Kreuz tragen

V: Wir beten Dich an, Herr Jesus Christus, und preisen Dich.
A: Denn durch Dein heiliges Kreuz hast Du die ganze Welt erlöst!

Nicht Mitleid war es, dass man Simon von Cyrene zwang, das Kreuz tragen zu helfen: man wollte nur, dass Christus unbedingt die Schmach und Schande des Kreuzes sicher erlebe. Auch heute wird dem leidenden Erlöser in Seiner Kirche gelegentlich dem Anschein nach eine Erleichterung verschafft, und letztlich steht auch hier im Hintergrund oft die teuflische Absicht, die Kirche zu kreuzigen. Und wir, wie benehmen wir uns in der Rolle Simons? Tragen wir das Kreuz nur gezwungen – oder aus Liebe?

Herr Jesus Christus, wir wollen Dir wirklich ehrlich das Kreuz tragen helfen. Wir müssen uns gut überlegen wie wir das am besten zuwege bringen. Erleuchte uns, dass wir entschlossen und klug mit angreifen, wenn wir sehen, dass wir Kreuz tragen helfen können. Kein anderes Motiv, nicht Wichtigtuerei, nicht Dickköpfigkeit, nur die Liebe zu Dir soll unser Handeln in der Kirche bestimmen!

Vater unser ...
Gegrüßet seist Du, Maria ...

V: Gekreuzigter Herr Jesus Christus,
A: erbarme Dich unser und hilf den Armen Seelen im Fegfeuer.

Veronika reicht Jeſuſ
daſ Schweißtuch

6. Station

Veronika reicht Jesus das Schweisstuch

V: Wir beten Dich an, Herr Jesus Christus, und preisen Dich.
A: Denn durch Dein heiliges Kreuz hast Du die ganze Welt erlöst!

Eine der frommen Frauen versucht in einer spontanen Geste die Leiden des Erlösers wenigstens zu lindern. Man hat vielleicht über sie gelächelt oder gemurrt, sie aber hatte dafür kein Augenmerk: nur das Antlitz des leidenden Erlösers drängte sie, zu helfen. Die Gesichtszüge des Herrn, so wird uns berichtet, haben sich dann in dem Tuch abgeprägt.

Warum finden wir heute so selten die Gesichtszüge Christi in seinen Dienern abgeprägt, warum ist so viel Diesseits und so wenig Jenseits in den Physiognomien der Menschen zu spüren? Weil die lautere Liebe zu Gott fehlt, weil wir an uns selbst und nicht an Ihn denken!

„O Haupt voll Blut und Wunden", so sangen unsere Vorfahren in frommen Weisen, um in Liebe am Leiden Christi teilzunehmen. Wir sind so kalt geworden, o Herr, unsere Gottesdienste sind nicht mehr das Bild Deiner Züge, welche Du uns einprägtest, sondern vielmehr ein Abbild innerer Leere und Kälte. Erfülle uns wieder mit der Glut Deiner Liebe, die uns alles andere vergessen lässt! Sende uns Menschen, welche in Deinem Auftrag wieder Dein Abbild in die Kirche einprägen und gleichzeitig die Karikatur der Teufelsfratze aus der Kirche tilgen!

Vater unser ...
Gegrüßet seist Du, Maria ...

V: Gekreuzigter Herr Jesus Christus,
A: erbarme Dich unser und hilf den Armen Seelen im Fegfeuer.

Jeſuſ fällt zum zweiten
Male unter dem Kreuze

7. Station

Jesus fällt zum zweiten Male unter dem Kreuze

V: Wir beten Dich an, Herr Jesus Christus, und preisen Dich.
A: Denn durch Dein heiliges Kreuz hast Du die ganze Welt erlöst!

Trotz der Hilfe des Simon von Cyrene stürzt der Herr ein zweites und drittes Mal, die Schmerzen nehmen mehr und mehr zu, die Kräfte lassen nach. Schwache Naturen würden aufgeben. Christus aber kennt Seine Sendung vom Vater, Er rafft Sich wieder auf und geht den Kreuzweg weiter. Christus stürzt in seiner Kirche öfter als dreimal, immer schwerer, immer schmerzlicher. Wir sind immer dazu geneigt, aufzugeben; wir sagen, es nütze ohnehin nichts mehr, nur um das mühsame Von-vorne-Anfangen zu vermeiden. Das aber wäre nicht mehr Nachfolge Christi!

Herr Jesus Christus, Deinem Beispiel gemäß wollen wir uns immer wieder aufrichten und nicht resignieren. Wir wissen: jeder unserer eigenen großen und kleiner Fehler belastet in der Krisenzeit der Kirche diese noch zusätzlich; wir können uns das einfach nicht leisten, wir wollen nicht an Deinem schmerzlichen Stürzen in der Kirche mitschuldig werden. So gib uns, o Herr, die Kraft, den Kreuzweg reinen Herzens zu gehen!

Vater unser ...
Gegrüßet seist Du, Maria ...

V: Gekreuzigter Herr Jesus Christus,
A: erbarme Dich unser und hilf den Armen Seelen im Fegfeuer.

Jeſuſ tröſtet die
weinenden Frauen

8. Station

Jesus tröstet die weinenden Frauen

V: Wir beten Dich an, Herr Jesus Christus, und preisen Dich.
A: Denn durch Dein heiliges Kreuz hast Du die ganze Welt erlöst!

„Weint nicht über mich, sondern weint über euch und über eure Kinder“ (Lk 23,28), sagte der Erlöser zu den weinenden Frauen Jerusalems. An weinenden Frauen und Männern hat die Kirche heute keinen Mangel: geklagt wird genug. Vermögen wir sonst nichts? Dann trifft uns der Vorwurf des Herrn, über uns selbst zu weinen. Die Kirche stünde in einer besseren Situation, wäre nicht nur geklagt, sondern auch gehandelt worden.

Lieber Heiland! Ja, wir müssen weinen und klagen: über das Schicksal Deiner Kirche und unsere eigenen Sünden, die es so weit haben kommen lassen.

Aber unser Klagen ist nur dann ehrlich, wenn es uns zur Tätigkeit anspornt, und dies nehmen wir uns jetzt vor: unser unerschrockenes Eintreten für die Kirche sowie unsere Selbstheiligung sollen unser Beitrag dazu sein, die Kirche wieder als Haus voll Glorie schauen zu dürfen!

Vater unser ...
Gegrüßet seist Du, Maria ...

V: Gekreuzigter Herr Jesus Christus,
A: erbarme Dich unser und hilf den Armen Seelen im Fegfeuer.

Jesus fällt zum dritten
Male unter dem Kreuze

9. Station

Jesus fällt zum dritten Male unter dem Kreuze

V: Wir beten Dich an, Herr Jesus Christus, und preisen Dich.
A: Denn durch Dein heiliges Kreuz hast Du die ganze Welt erlöst!

Das psychologisch lähmende Auf und Ab ist ein Grundzug des Kreuzweges: nach dem ersten Sturz die lindernde Begegnung mit der Mutter, die Geste der Veronika; nach dem zweiten Sturz die Teilnahme der weinenden Frauen; darauf aber wieder die Trostlosigkeit des dritten Sturzes. Wie zermürbend hat doch der Teufel Regie geführt! Und ebenso zermürbend führt er auf dem Kreuzweg der Kirche Regie!

Da kommen Meldungen, welche die Hoffnung aufkeimen lassen, der Tiefpunkt der Entwicklung sei überwunden, es gehe nun wieder aufwärts; bald zerstören dann Enttäuschungen wieder alle Hoffnung, und wir sehen nur, dass mehr Menschen dem Sog des teuflischen Handwerkes zum Opfer fallen.

Und wir werden müde. Aber der Herr hat auch nach dem dritten Sturz den Kreuzweg noch fortgesetzt. Jesus Christus, Herr Deiner Kirche, mit Dir wollen wir den Kreuzweg durchleiden, mit Dir wollen wir nach jedem Sturz uns wieder erheben. Wir leben in einer schlimmen Zeit; zugleich ist es die Zeit, in welcher wir Dir beweisen können, dass wir in Treue zu Dir stehen wollen. Gib uns, o Herr, die Kraft, Dir treu zu bleiben!

Vater unser ...
Gegrüßet seist Du, Maria ...

V: Gekreuzigter Herr Jesus Christus,
A: erbarme Dich unser und hilf den Armen Seelen im Fegfeuer.

Jesuſ wird ſeiner
Kleider beraubt

10. Station

Jesus wird seiner Kleider beraubt

V: Wir beten Dich an, Herr Jesus Christus, und preisen Dich.
A: Denn durch Dein heiliges Kreuz hast Du die ganze Welt erlöst!

Der Betäubungstrank aus Essig und Galle hätte die Schmerzen gelindert, aber das Bewusstsein geraubt. Christus wollte lieber bewusst leiden, als im Dämmer der Narkose den Erlösungstod zu sterben. Der Betäubungstrank steht auch heute zur Verfügung: beschwichtigende Redensarten, welche den Blick für die ernste Lage der Kirche trüben sollen. Dem Beispiel des Herrn folgend, wollen wir den schmerzlichen klaren Blick einer Täuschung vorziehen. – Die Entkleidung vor der Kreuzigung, wie sie damals üblich war, sollte dem Herrn den Rest menschlicher Würde rauben und Ihn dem Gespött preisgeben, wie dies heute in lästerlichen und sakrilegischen Theaterstücken und anderen literarischen Erzeugnissen geschieht.

O unser leidender Erlöser, wir wollen uns nichts vormachen, uns nicht selbst betrügen; bewusst wollen wir mit Dir den Kreuzweg der Kirche durchleiden. Die ehrwürdigen Kleider einer frommen geheiligten Liturgie, welche man Dir vom Leibe gerissen hat, um in Gottesdiensten, welche diesen Namen gar nicht mehr verdienen, Dein Andenken zu schänden; diese Kleider wollen wir, so gut wir nur können, Dir wieder zurückerstatten. Ganz bewusst wollen wir jede Geste der Ehrfurchtslosigkeit, sei es auch nur aus Bequemlichkeit, stets vermeiden. Unser ganzes Benehmen im Haus Gottes soll jene Ehrfurcht widerspiegeln, welche man heute zu zertreten versucht. Dies lassen wir nicht zu.

Vater unser ...
Gegrüßet seist Du, Maria ...

V: Gekreuzigter Herr Jesus Christus,
A: erbarme Dich unser und hilf den Armen Seelen im Fegfeuer.

Jeſuſ wird an daſ
Kreuz genagelt

11. Station

Jesus wird an das Kreuz genagelt

V: Wir beten Dich an, Herr Jesus Christus, und preisen Dich.
A: Denn durch Dein heiliges Kreuz hast Du die ganze Welt erlöst!

Die Kreuzigung war nicht nur die schmerzhafteste, sondern auch schimpflichste Todesart, das Kreuz ein Zeichen der Schande. Als man Christus ans Kreuz nagelte, da wollte man beides, Schmerz und Schande für Ihn. Aber die Pläne der Hölle scheitern auf lange Sicht immer: das Kreuz ist seit 2000 Jahren das Zeichen des Sieges über das Böse, und Christus selbst zeigte sich nach Seiner Auferstehung mit verklärten Wundmalen. Zunächst freilich war nur Bitternis und Schmerz der Annagelung fühlbar, und äußerste Trostlosigkeit prägte diese Stunden.

Vertrauen erbitten wir von Dir, o Herr: Deine Kirche erleidet eine schimpfliche und schmerzliche Annagelung: es sind viele große Nägel, welche Dich durchbohren: die Verfälschung des Glaubens, die Verführung zur Unkeuschheit, die Entwürdigung des Gottesdienstes, die Missachtung Deines Statthalters in Rom und viele andere Nägel. Lass nicht zu, o Gott, dass auch wir mitschuldig werden an diesen Nägeln, gib uns die Gnade, dass wir die Verklärung Deiner heiligen Wunden bald, bald sehen dürfen!

Vater unser ...
Gegrüßet seist Du, Maria ...

V: Gekreuzigter Herr Jesus Christus,
A: erbarme Dich unser und hilf den Armen Seelen im Fegfeuer.

Jesus
stirbt am Kreuz

12. Station

Jesus stirbt am Kreuz

V: Wir beten Dich an, Herr Jesus Christus, und preisen Dich.
A: Denn durch Dein heiliges Kreuz hast Du die ganze Welt erlöst!

„Durch Dein heiliges Kreuz hast Du die Welt erlöst", so beten wir. Unsere Sünden haben diese Erlösung notwendig gemacht. Wie schwer muss vor Gott eine Sünde wiegen, wenn er Seinen eigenen Sohn als Opfer einem schmerzvollen Tod aussetzt, um uns von den Sünden und der Strafe der Hölle zu befreien! Wie unverantwortlich ist es, die Sünde zu bagatellisieren, sie psychologisch aushöhlen zu wollen! Wie gedankenlos ist dieses sich als ‚Verständnis' drapierende Entschuldigen der Sünden!

Nein, o Herr, wir wissen es: wir alle sind Sünder, mehr oder weniger, für uns alle hast Du Dich kreuzigen lassen, um uns zu erlösen, sofern wir uns nur erlösen lassen. Und dieses Erlösungsopfer wird in jeder Heiligen Messe vergegenwärtigt, erneuert und wirksam. Der Ernst der Stunde von Golgotha liegt heute mehr denn je über jeder Heiligen Messe. Wir wollen uns das Messopfer durch nichts rauben und durch nichts ersetzen lassen! Nicht unter dem Kreuz des linken Schächers, der lästert, ist unser Platz, sondern unter dem Kreuze Christi neben der leidenden Mutter Gottes, neben der Büßerin Maria Magdalena, neben dem einzigen verbliebenen Apostel Johannes. Bei diesem Apostel verbleiben wir. – Wir fliehen nicht mit den anderen zehn, wir verraten den Herrn nicht mit Judas!

Vater unser ...
Gegrüßet seist Du, Maria ...

V: Gekreuzigter Herr Jesus Christus,
A: erbarme Dich unser und hilf den Armen Seelen im Fegfeuer.

Jeſuſ wird vom Kreuz
abgenommen und in den
Schoß ſeiner Mutter gelegt

13. Station

Jesus wird vom Kreuz abgenommen und in den Schoss seiner Mutter gelegt

---

V: Wir beten Dich an, Herr Jesus Christus, und preisen Dich.
A: Denn durch Dein heiliges Kreuz hast Du die ganze Welt erlöst!

Die größten Meister der Malerei und Plastik haben das Bild der trauernden Mutter mit ihrem toten Sohn auf dem Schoße darzustellen versucht. Es dürfte aber fast unmöglich sein, die ganze Trostlosigkeit und das Leid der Mutter Gottes in ihren Gesichtszügen darzustellen: nur in von Liebe getragenem Mitleid können wir diesen Schmerz ermessen. – Die heilige Mutter Kirche hat heute einen toten Sohn auf ihrem Schoß. Dieser tote Sohn ist die ruinierte Jugend! Die Verantwortlichen sind feige geflohen und suchen nach Ausreden und Entschuldigungen. Davon aber wird dieser Tote nicht lebendig, große Hoffnungen wurden zerstört. Es fällt schwer, bei diesem Leichnam noch an eine Auferstehung zu glauben.

Und doch werden wir nicht aufhören, um diese Auferstehung zu beten. Wir flehen die Mutter Gottes mit ihrem toten Sohn auf dem Schoße an: Nimm unsere Jugend unter Deinen Schutzmantel, lass sie nicht vom Schmutz moralischer Zersetzung erstickt werden; führe die Verirrten zurück; sei in Deiner Verlassenheit uns Trost; gib uns Kraft, an eine Zukunft glauben zu können zu einem Zeitpunkt, wo dies menschlich gesehen unsinnig erscheint! Virgo virginum praeclara, mihi iam non sis amara, fac me tecum plangere. (Hehre Jungfrau der Jungfrauen, willst in Gnaden mich anschauen, lass mich teilen Deinen Schmerz!)

Vater unser ...
Gegrüßet seist Du, Maria ...

V: Gekreuzigter Herr Jesus Christus,
A: erbarme Dich unser und hilf den Armen Seelen im Fegfeuer.

Jeſuſ wird
in daſ Grab gelegt

14. Station

Jesus wird in das Grab gelegt

V: Wir beten Dich an, Herr Jesus Christus, und preisen Dich.
A: Denn durch Dein heiliges Kreuz hast Du die ganze Welt erlöst!

Einst betete unser Volk am Karfreitag und Karsamstag viel und innig vor dem heiligen Grab. Auch dies wird uns heute zunehmend erschwert – die Grabschändung reiht sich würdig an die Kreuzigung Christi in Seiner Kirche. Doch: wir lassen uns den Heiland nicht aus dem Grabe stehlen, sondern wollen treu Wache halten; das Grab Christi ist ja nicht nur der Schlusspunkt des Kreuzweges und des Leidens – es ist auch Ausgangspunkt der Auferstehung. Und auf diese warten wir unverdrossen und unbeirrbar.

Herr Jesus Christus, unser Gott und Erlöser, einige wenige Getreue haben Dir eine würdige Grabstätte bereitet. Wir wissen, dass die Treuen in schweren Zeiten immer nur wenige sind. Gewähre uns, unter diese Treuen zu zählen, dann können wir Schmähung, Verleumdung und Diskriminierung ertragen und die irdische Stellung riskieren, so wie Joseph von Arimathäa und Nikodemus es getan haben. Als Deine Getreuen dürfen wir aber dann auch hoffen, dass wir bald Deine Auferstehung in Deiner Kirche erleben dürfen: ein Erdbeben wird den Stein der Schriftgelehrten wegschleudern; das Siegel der Pharisäer auf Deinem Grab wird zerrissen werden; Du wirst in Deiner Kirche, wider alles Erwarten, glorreich auferstehen; und wir werden die Botschaft Deiner heiligen Engel hören dürfen: Ite, nuntiate, quia surrexit – Geht hin und verkündet, Er ist auferstanden! Und wir werden dann wieder hierher zur Gnadenmutter kommen und ihr freudig zurufen: Regina coeli, laetare – Freu Dich, Du Himmelskönigin! Gib, o Gott dass es bald sei! Amen.

Vater unser ..., Gegrüßet seist Du, Maria ...

V: Gekreuzigter Herr Jesus Christus,
A: erbarme Dich unser und hilf den Armen Seelen im Fegfeuer.

Schlussgebet

O Jesus, Du setzt Dein ganzes
Erlösungswerk im Heiligen Messopfer,
in der Predigt des Evangeliums
und in der Spendung
der Sakramente der Kirche fort.

Um Deines Leidens willen bitte ich Dich:
Mache aus mir ein gelebtes Heiliges Messopfer,
eine ergänzende Menschheit,
damit ich auf Erden in einer heiligen Lebens-,
Leidens- und Liebesgemeinschaft mit Dir stehe,
um so dereinst als Glied der triumphierenden Kirche
ewig Deine Herrlichkeit anbetend schauen zu dürfen. Amen.